Liebe Leserinnen, liebe Leser!

›Hier nun auf Kreta ... ist alles älter, geburtendunkler als sonstwo in Griechenland. In Kreta zeigt sich das Griechische in seiner unbändigen Kraft‹, so Erhart Kästner, einer der ersten Deutschen, der die fünftgrößte Insel des Mittelmeers lieben gelernt hatte. Seine Erinnerungen aus den 1940er-Jahren könnten von heute sein. Denn trotz Fortschritt ist Kreta geblieben, was es war: ein ›archaisches‹ Stück Europa.

Abwechslungsreiche Landschaften, sagenumwobene minoische Ruinenstädte – besonders Knossós –, vor allem aber die kilometerlangen sauberen Sandstrände locken jährlich Heerscharen von Urlaubern nach Kreta. Die Insel gilt als die ›Wiege Europas‹, als Geburtsort der ersten europäischen Hochkultur.

Die viel gerühmte Philoxenía, die Gastfreundschaft, ließ den Tourismus zum wichtigsten wirtschaftlichen Standbein der Insel werden. Während andernorts aus gastfreundlichen Griechen scharf kalkulierende Geschäftsleute geworden sind, verfielen die Kreter dank ihrem Hang zur Individualität dem ›Business‹ noch nicht ganz. Schon seit der Frühzeit als gewiefte Händler und (Über-)lebenskünstler bekannt, verstehen sie sich perfekt auf den Umgang mit den Gästen.

Selbst im beginnenden 21. Jahrhundert ist das Leben noch Improvisation und Zeit das höchste Gut, nach dem Motto: ›Wir haben die Zeit, ihr anderen habt die Uhr.‹

In diesem Sinne wünschen wir Ihnen Zeit für viele kretische Entdeckungen.

Ihr HB-Bildatlas-Team

W0235626

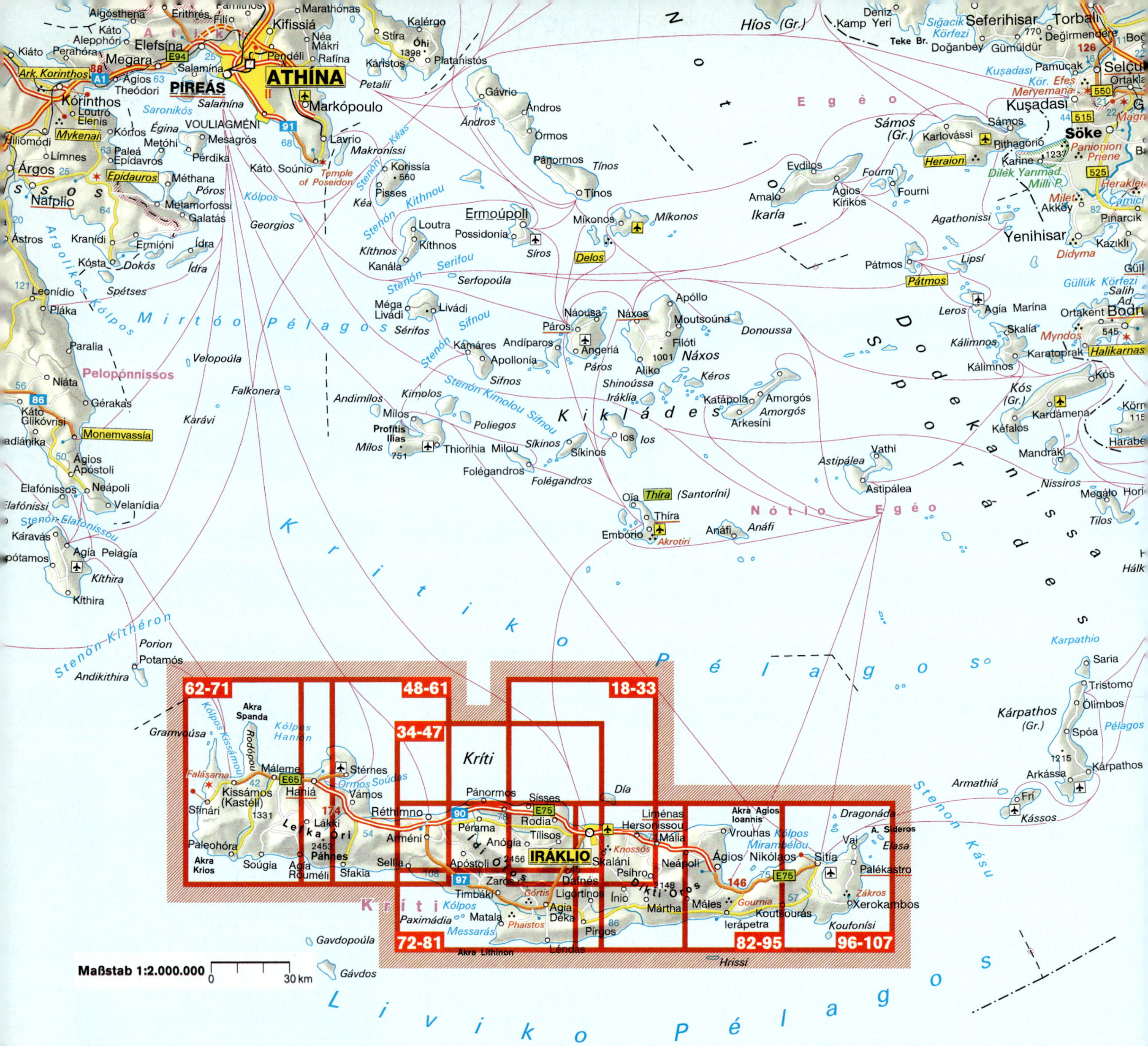

Maßstab 1:2.000.000 0 30 km

Inhalt

Beim Bummel durch Chaniás ehemaliges Judenviertel Evraiki

BESONDERS SEHENSWERT

Besuchen Sie uns im Internet:
www.hb-verlag.de

Übers Meer

Wie die Ränge eines antiken Theaters schmiegt sich die Hafenstadt Sitía an einen Berghang über dem Hafen.

Klöster

Wertvolle Ikonen sind im Museum des Klosters Toploú zu bewundern. Reproduktionen – wie diese – gibt es im Shop zu kaufen.

Naturerlebnis

Beileibe nicht zu unterschätzen ist die etwa 15 Kilometer lange Wanderung durch die Samariá-Schlucht.

Handwerkskunst

Die Frauen aus dem Großdorf Anógia haben sich zu einer Genossenschaft zusammengeschlossen, um ihre Handarbeiten Gewinn bringend anzubieten.

Idylle pur

Wer möchte hier nicht ein-
kehren? Taverne am
Strand von Káto Zákros an
der Ostküste.

Emotionen

Einen Grund zum Feiern finden die Kreter immer – erklingt Musik, hält es keinen mehr auf dem Stuhl.

Zwischen Europa und Afrika

›Es ist eine wirre, eine bedrückende Stadt, völlig anormal, völlig heterogen, eine Stadt, die zwischen Europa und Afrika schwebt ...‹ Besser als Henry Miller es im ›Koloss von Maroussi‹ tat, kann man den janusköpfigen Charakter Iráklions kaum beschreiben: Doch wer hinter die laute, schmutzige, hektische, wichtigtuerische Kulisse blickt, entdeckt die zweite, die kretische Stadt. Aus ihrer Mitte stammt der größte Dichter der Insel: Níkos Kazantzákis. Vor den Toren von Iráklion liegt mit Knossós die Wiege der europäischen Kultur.

Treffpunkt in Iráklion ist die Platía Venizélou, in deren Zentrum seit dem 17. Jahrhundert der Morosini-Brunnen steht.

▲ *Iráklion: ständige Rush-Hour*   ▼ *Bürohaus: Die Minoer lassen grüßen*

▼ *Jung das Publikum, traditionell das Tavli-Spiel: Straßencafé in der Odos Korai*

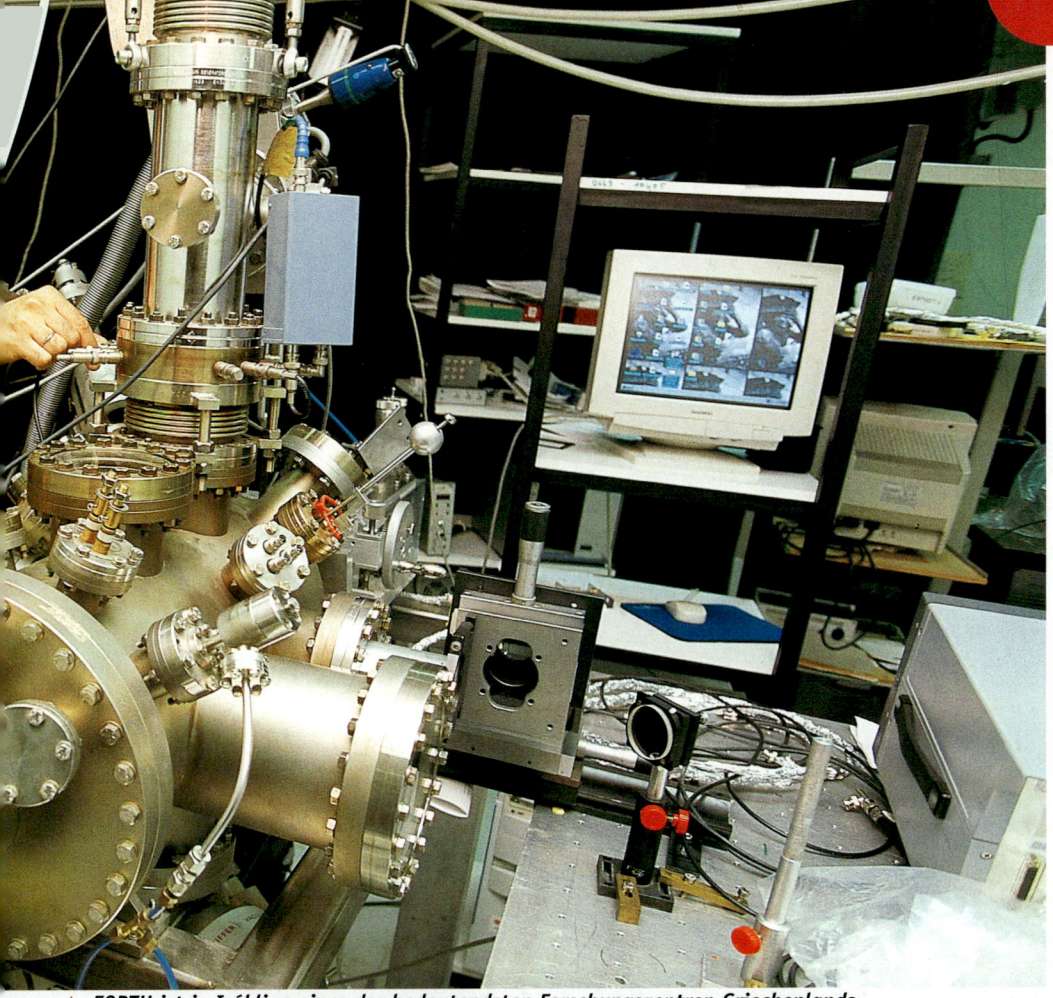

▲ FORTH ist in Iráklion eines der bedeutendsten Forschungszentren Griechenlands

▲ Geschäftiges Treiben auf den Straßen von Iráklion ...   ▼ ... und Boutiquen

Kretas Metropole empfängt Besucher nicht mit offenen Armen. Dazu ist sie viel zu sehr damit beschäftigt, den Anschluss an die moderne Zeit zu schaffen. Schon auf der Fahrt vom Flughafen, benannt nach Kretas berühmtestem Sohn Níkos Kazantzákis, in die Stadt oder zu einem der Strandhotels setzt bei vielen Ernüchterung ein: Iráklion würden die meisten schnell hinter sich lassen, wenn da nicht das Archäologische Museum mit seinen einmaligen Exponaten zur minoischen Kultur wäre.

Kretas modernes Gesicht

■ Lärmender Verkehr, unkontrollierte Bauwut und unattraktive Industriegebiete sorgten dafür, dass die viertgrößte griechische Stadt gerne als ›Klein-Athen‹ bezeichnet wird und bis über Kreta hinaus keinen besonders guten Ruf genießt. Dennoch, in Iráklion tut sich Wegweisendes: Die University of Crete hat sich längst als anerkanntes Wissenschaftszentrum, mit Schwerpunkt Medizin, etabliert, es gibt ein neues internationales Messezentrum, einen hochmodernen Sportkomplex und nahe der Stadt wird eines der größten Solarkraftwerke der Welt gebaut. Mehr und mehr versucht man zudem, durch Restaurierungen und Renovierungen die vorhandenen Reste einer glanzvollen Vergangenheit vor dem Verfall zu bewahren.

FORTH-Institute

■ Was haben El Greco und islamische Literatur, Genforschung, Mathematik und Computerwissenschaften gemeinsam? Es sind allesamt Forschungsschwerpunkte von FORTH, einem der wichtigsten griechischen Forschungszentren, das in den 1980er-Jahren entstand. Neben Instituten zu Molekularbiologie, Biotechnologie, Lasertechnik, angewandter Mathematik und anderen Disziplinen in Iráklion gehört ein Institut für Mittelmeerstudien (Völkerkunde, Geschichte, Literatur) in Réthimnon dazu. Ziel von FORTH ist es, neben der Entwicklung neuer Technologien und der Zusammenarbeit mit Industriepartnern, einer breiten Öffentlichkeit mit Ausstellungen und Publikationen die Bedeutung von Wissenschaft, Technologie und Fortschritt näher zu bringen.

▲ Iráklion: Keiner flickt besser als der alte Schuster in der Marktstraße Odos 1866

▼ Sonnengereift, saftig und süß: frische Erdbeeren vom Markt

▲ In der Kaffeerösterei ›Kafekortio‹ in der Odos 1866 hat der Käufer die Qual der Wahl

▼ Auch die Geistlichkeit kauft gerne in Iráklions Markstraße ein

▲ *Schön bei Nacht: Iráklions Venezianische Loggia*   ▼ *Tintenfische vor den Lokalen*

Ein Hauch von Orient

▬ Längst drängen sich mehr Besucher als Einheimische auf Iráklions Markt in der Odos 1866. In der schmalen Gasse, die sich von der Platía Venizélou bis zur Platía Kornárou hinzieht, spiegelt sich das ganze Angebot der Insel: Oliven der verschiedensten Sorten und Zubereitungsweisen, Honig, Trauben, jene berühmten süßen Mini-Bananen aus Mália, Gewürze und Kräuter, darunter der berühmte heilkräftige Diktamos-Tee, Hülsenfrüchte aller Art, Knoblauch, Kartoffeln sowie allerhand Gemüse. Auch vielfältiges Fleisch und Fisch fehlen nicht: Geflügel, Kaninchen, Zicklein, Lamm werden hier feilgeboten. Dazu Käse und Landwein und der angeblich sämtliche Krankheiten heilende Tresterschnaps Tsikoudiá. Und auch wenn sich unter die Stände immer wieder Touristenshops mogeln, Kretas bekanntesten Markt umweht immer noch ein Hauch von Orient.

SPECIAL

Byzantinische Bilderwelten

Egal, wer gerade über Kreta herrschte, Byzanz, oder genauer, die orthodoxe Kirche zieht sich wie ein roter Faden durch das Leben der Insulaner. Die unzähligen Kirchen, Kapellen und Klöster, besonders aber die in ihnen aufbewahrten Ikonen, legen Zeugnis von dem tiefen kretischen Volksglauben ab. Während selbst in abgelegenen, unscheinbaren Kirchen Ikonen berühmter Maler, wie Michaíl Damaskinós, keine Seltenheit sind, vereint Iráklions Ikonenmuseum in der ehemaligen Kirche Agía Ekateríni die bedeutendsten Meisterwerke der Insel unter einem Dach. Ein Vergleich zwischen Ikonen des 15. Jahrhunderts mit ihren typischen großformatigen, frontal ausgerichteten Figuren und jenen des 18. Jahrhunderts zeigt die Wandlung: In späterer Zeit sind die Darstellungen mehrfigurig, bewegt, perspektivisch und erzählend.

Evans' Minoer-Bauten

▬ Was Evans und seine Mitarbeiter in Knossós zwischen 1900 und 1925 ausgruben geschah auf dem damals neuesten Stand der Technik. Doch nach heutigem Wissen haben die Rekonstruktionen der

▲ Von der Martinengo-Bastion bietet sich ein guter Blick auf Iráklion – mittendrin die Metropolitenkirche Ágios Minás

▲ Kastell Koúles

▲ Im neobyzantinischen Stil erbaut: Ágios Minás ...

▼ ... mit ihrem prächtigen Inneren

▼ *Trotz rückläufiger Fangquoten: Fischer gehören zum Bild am alten Venezianischen Hafen*

minoischen Stadt wenig mit der einstigen Realität zu tun. Die Beton- und Farborgien, die man heute auf dem Grabungsgelände erblickt, sind auf den Drang Evans' zurückzuführen, das Ergrabene – selten gründlich analysiert, datiert und dokumentiert – möglichst schnell zu sichern und gemäß seinen eigenen, vom Zeitstil geprägten Vorstellungen zu ergänzen. So wurden die spärlichen ausgegrabenen Baureste rasch mit Beton ergänzt und die geringen noch vorhandenen Farbreste von Wandmalereien fantasievoll und großflächig erneuert.

Da sich beispielsweise von den ursprünglichen Holzsäulen nichts mehr erhalten hatte, wurden die bis heute bildprägenden konvexen Betonsäulen als Träger eingesetzt. Die Rekonstruktion stützte sich dabei vor allem auf antike Wandmalereien.

›Die kleinen Pariserinnen‹

▬ Wozu solch leichtfertiges Rekonstruieren führt, zeigt sich im Archäologischen Museum von Iráklion: Die im ersten Stock aufgehängten Wandmalereien aus Knossós machen die rekonstruierte Illusion besonders deutlich. ›Das sind doch alles kleine Pariserinnen‹, soll ein Zeitgenosse von Evans beim Anblick der Gemälde begeistert ausgerufen haben. Und er traf damit den Kern der Sache: Wer sich die Malereien genauer ansieht, stellt rasch fest, dass meist nur ein Bruchteil des Originals erhalten ist und der Rest ganz der Fantasie des Ausgräbers Evans und seiner Mitarbeiter entsprang. So repräsentieren die bedeutenden minoischen Wandbilder eher den Malstil der 1920er-Jahre als den der Minoer.

Wer waren die Minoer?

▬ Obwohl die Minoer bis heute aufgrund des weitgehenden Fehlens von Schriftquellen genügend Rätsel aufgeben, gewinnt man doch einen Eindruck von dieser ersten europäischen Hochkultur, hat man das Gelände in Knossós durchschritten und die Säle des Archäologischen Museums in Iráklion durchstreift. Die Funde von Knossós und anderen Fundstätten der Insel im Museum überraschen: Sie zeigen den hohen Stand des Kunsthandwerks, vor allem der Töpfer, Steinmetzen, Schmiede und

▲ *Minoischer Palast von Knossós: farbenfroh rekonstruierter Nordeingang, ...* ▼ *... Vorratsgefäße*

▲ *Minoische Schlangengöttin als Souvenir gefällig?*

Goldschmiede, und geben Einblick in Religion, Geisteswelt, Gesellschaftsstruktur und, eingeschränkt, auch den Alltag. Vorausgesetzt, man lässt sich von der monotonen Präsentation und der großen Zahl der Ausstellungsstücke im Museum nicht abschrecken. In Erinnerung bleiben wird, allein schon wegen der Vielzahl, die minoische Keramik. Vor allem die Vasen, bemalt mit stilisierten Pflanzen und Meereslebewesen.

▲ *Archäologisches Museum Iráklion: minoisches Stierkopf-Relief und Hofdamen-Fresko*

▲ *Reste der spätminoischen Siedlung Tílissos*   ▼ *Stierspringerfresko (Archäologisches Museum)*

SPECIAL

Von Kult und Glaube

Eine außerordentliche Rolle im minoischen Glauben spielte der Stier als Symbol der Stärke und Fruchtbarkeit, eindrucksvoll ablesbar am Stierkopfrython (Saal IV, ähnliches in Saal VIII), einem Kultgefäß aus Steatit mit Einlagen aus Bergkristall, Jaspis und Perlmutt. Oder dem ›Stierspringer‹ aus Elfenbein (Saal IV). Die so genannte Schlangengöttin im selben Raum, Symbol von Erdverbundenheit und Fruchtbarkeit, untermauert die wichtige Stellung der Frau. Neben dem Stier erscheint immer wieder die Doppelaxt (Saal VII), deren Bedeutung man bis heute nicht genau kennt.

Die Tontafeln mit Linear-A- und Linear-B-Schrift (Saal V) sind die frühesten schriftlichen Belege in der europäischen Welt. Während Linear-B 1952 entschlüsselt werden konnte, ist Linear-A bis heute ein Geheimnis.

Die ›Große Woche‹

Ostern, das wichtigste griechische Kirchenfest, wird nach dem alten orthodoxen Kalender gefeiert. Während der ganzen Karwoche, auch ›Große Woche‹ genannt, finden überall in Griechenland und so auch auf Kreta Messen statt. Am Abend des Gründonnerstags schmücken junge Mädchen den Altar mit Blumen, am orthodoxen Karfreitag findet eine Prozession statt. Die Auferstehungsmesse am Samstag um Mitternacht beendet die Fastenzeit. In der Kirche werden mitgebrachte Kerzen entzündet und alle ›stoßen‹ mit rot gefärbten Eiern an. Die Gläubigen tragen anschließend das ›heilige Feuer‹ mit den Kerzen nach Hause. Dann wird in derselben Nacht außer diesen Eiern die Magirítsa, eine Suppe aus Lamminnereien verspeist, ehe am Ostersonntag, nach dem Kirch-

▲ ›Kretische Abende‹ – natürlich mit Sirtaki – gehören zum Unterhaltungsprogramm vieler Hotels

▼ Osterprozession

▲ Im September beginnt die Weinlese – nicht nur hier in Archánes   ▼ So weit das Auge reicht: Olivenbäume im Hinterland von Iráklion

▲ *Was wäre Ostern ohne Lamm vom Spieß?*   ▼ *Gläubige tragen zu Ostern das ›heilige Feuer‹*

gang, ein großes Fest mit Musik, Lamm vom Spieß, Wein und typischen Osterleckereien, Lambrokouloúres, Osterkringel, oder Tsouréki, eine Art Hefezopf, folgen.

Getränk der Götter

Um die Orte Archánes und Peza liegt eines der Hauptweinbaugebiete der Insel. Hier sind die Genossenschaften von Peza und Iráklion, die Weingüter Michalaki und Minos zu Hause. Wein war für die Griechen seit der Antike das Getränk der Götter: Kein Geringerer als Dionysos soll es gewesen sein, der den Menschen die Kunst des Anbaus und Kelterns lehrte. In der Antike war kretischer Wein hochgeschätzt, wie die zahlreichen Ruinen von Weingütern, etwa in Vathípetro, und Funde von Zubehör, wie Pressen oder Amphoren, belegen. Heute werden vor allem frische, leichte Weißweine der Rebsorte Vilana und würzig-erdige, gehaltvolle Rote der Sorten Liaitiko, Kostifali und Mandilari auf der Insel produziert.

Früchte voller Sonne und Süße

Doch nur ein relativ geringer Teil der kretischen Trauben wird zu Wein vergoren. Die meisten kommen als kernlose zuckersüße Tafeltrauben in den Handel oder werden zu Rosinen getrocknet. Etwa 100 000 Tonnen liegen zu diesem Zweck zwischen dem 15. August und 20. September auf eigens dafür konstruierten Ständern in den kretischen Weindörfern in der Sonne. Derart sonnengetrocknet, kommen die Sultaninen, so der türkische Name für die hellgelben und großen Trauben, sowie die kleinen, fast schwarzen Korinthen in den Handel. Deutschland gilt dabei als viertgrößter Importeur dieser wunderbaren Naschereien.

Aus Fódele: El Greco

Kunstfreunden längst ein Begriff ist Fódele: Hier erblickte 1541 Domínikos Theotokópoulos wahrscheinlich das Licht der Welt, besser bekannt als ›El Greco‹. In Iráklion, dem damaligen Candia, im byzantinischen Geist ausgebildet, studierte Domínikos von 1567 bis 1576 erst in Venedig, unter anderem im Atelier Tizians, dann in Rom. Ab 1577 fand er im spanischen Toledo eine neue Heimat und

▲ *Thrapsanó: traditioneller Töpfer*   ▼ *Fódele: Handarbeit mit einfachen Mitteln*

▼ *Wohl proportioniert: die kleine Kreuzkuppelkirche bei Fódele*

nannte sich fortan ›El Greco‹, der Grieche. Bis zu seinem Tod 1614 sollten nicht nur seine Bilder für Aufsehen sorgen, als lebensfroher Kreter genoss er auch das Leben in vollen Zügen und starb hochverschuldet.

Níkos Kazantzákis

Sein Leben lang auf der Suche nach Gott oder politischen Lösungen war Níkos Kazantzákis (1883–1957). Einmal wollte er eine Priesterschule in Rom besuchen, ein anderes Mal schloss er sich atheistischen Kommunisten an. Wie ein Nomade zog er durch Europa, lebte in Frankreich, Deutschland und der ehemaligen UdSSR. Stets kehrte er jedoch auf seine Insel zurück, von der er immer einen Klumpen Erde bei sich hatte: ›… in allen meinen Leidensstunden hielt ich sie (die Erde) in der Hand und schöpfte Kraft, große Kraft daraus‹, schrieb er.

Auch wenn die Kirche den stets mit Gott ringenden Zweifler und Kritiker der Institution verurteilte, die Kreter liebten ihren ›Nationalhelden‹. Wie sehr, zeigte seine Beerdigung: Da die orthodoxe Kirche sich weigerte, dem Autor die letzte Ehre zu erweisen, bestatteten ihn die Insulaner in einem Staatsakt auf der Martinengo-Bastion hoch über Iráklions Altstadt. Ein einfaches Holzkreuz ziert sein Grab. Darauf ein Ausspruch aus seiner Feder, der in seiner Schlichtheit mehr bedeutet als jedes monumentale Grabmal: ›Ich erhoffe nichts, ich fürchte nichts. Ich bin frei.‹

Nationalheld mit spitzer Feder

Zum Pilgerort für Literaturfreunde hat sich Mirtiá entwickelt, der Geburtsort des Vaters von Níkos Kazantzákis. Weltberühmt machte Kretas größten Sohn sein 1946 entstandener, 1964 mit Anthony Quinn verfilmter Roman ›Alexis Sorbas‹. Weniger bekannt sind Werke wie das Epos ›Odyssee‹, mit dem sich der Autor bewusst in die Tradition antiker Autoren stellte, oder jene Romane, die sich mit dem Glauben und dem Freiheitskampf seiner Vorfahren befassen: ›Rechenschaft vor El Greco‹ oder ›Die letzte Versuchung‹, im Jahr 1987 von Martin Scorsese verfilmt und von Peter Gabriel eindrucksvoll vertont, ›Griechische Passion‹ oder ›Freiheit oder Tod‹.

▲ *Das angebliche Geburtshaus des Malers El Greco in Fódele* ▼ *Mirtiá: Kazantzákis-Museum*

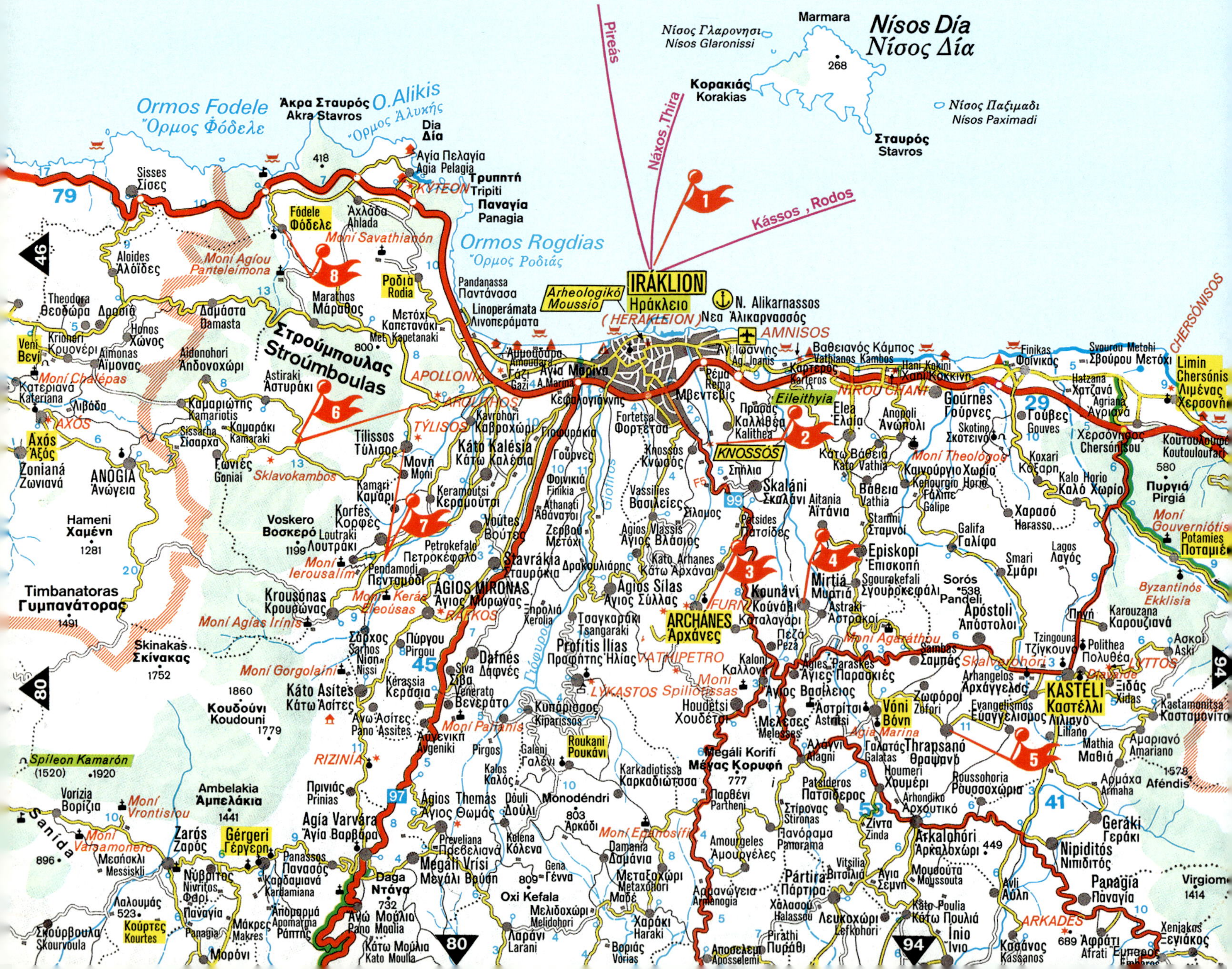

IRÁKLION ❶

Moderne Großstadt (150 000 Einw.) und verkehrsreiches Ballungs- und Wirtschaftszentrum Kretas mit Industrie. Hauptsitz der Universität. Das Umland ist bekannt für den Weinanbau.

Geschichte: Zunächst nur Hafen der minoischen Metropole Knossós, entwickelte sich in griechischer Zeit der Ort Herakleia, den zwischen 824 und 961 die Sarazenen zu ihrem Hauptstützpunkt ausbauten. Die Byzantiner wählten ihn zu ihrem religiösen Zentrum, und die ab 1204 herrschenden Venezianer gestalteten Candia zu einer italienischen Renaissance-Stadt um. Nach 21-jähriger osmanischer Belagerung zogen sich die Venezianer 1669 zurück, und Iráklion geriet mit ganz Kreta bis 1898 unter türkische Herrschaft. Während der Kretainvasion der deutschen Truppen im Mai 1941 stark in Mitleidenschaft gezogen, erlebte Iráklion ab 1972 als kretische Hauptstadt einen Aufschwung.

Sehenswert: Den Bummel durch die überschaubare Altstadt beginnt man am besten am alten **Venezianischen Hafen**. Hier erinnert das **Kastell Koules** (Mo.–Sa. 8.30 bis 17.00, So. 10.00–17.00 Uhr) an die venezianische Epoche. Über die Odos 25 Avgustou gelangt man zu dem zentralen **Morosini-Brunnen** (1628), vorbei an der Kirche **Ágios Titos** (10./11. Jh.) der beachtlichen **Venezianischen Loggia** (frühes 17. Jh.) im palladianischen Baustil und der venezianischen Dogenkirche **Ágios Markos** (Wechselausstellungen). Hauptanziehungspunkt im Zentrum ist der **Markt** in der **Odos 1866**, die am **Bembo-Brunnen**, erbaut 1588 unter Verwendung antiker Stücke, endet. Das Grab Níkos Kazantzákis' (1883–1957) liegt auf der **Martinengo-Bastion**, Teil der alten venezianischen Festung. Die Platia Ekateríni dominiert die große neobyzantinische Metropolitenkirche **Ágios Minás** (2. Hälfte 19. Jh.), daneben die Kapelle (um 1600), mit reich geschnitzten Ikonostasen (1740–60).

Museen: Die **Ágía Ekateríni** (1555) gegenüber birgt das **Ikonen-Museum** mit einem guten Überblick über die Entwicklung der Ikonenmalerei (Mo.–Sa. 9.00–13.30, Di., Do., Fr. auch 17.00–19.00 Uhr).

Das **Archäologische Museum**, Odos Xanthoudidou, für das man einige Stunden Zeit einplanen sollte, ist zum Bersten gefüllt mit minoischen Funden, vor allem Keramik (Mo. 12.30–19.00, Di.–So. 8.00–19.00 Uhr). Sehr instruktiv erläutert das **Historische Museum**, Odos L. Kalokerinou 7, Iráklions Geschichte seit byzantinischer Zeit (330–827) und stellt ein Modell des venezianischen Candia aus; im Obergeschoss kretische Volks-

kunst und Erinnerungen an den kretischen Freiheitskampf. Dazu ein El-Greco-Ausstellungsraum und das rekonstruierte Arbeitszimmer von Níkos Kazantzákis aus seiner Zeit in Antibes (1948–57) (Mo.–Fr. 9.00 bis 17.00, Sa. 9.00–14.00 Uhr).

Einkaufen: Die moderne Einkaufsstraße ist die **Odos Dedalou**, wo sich auch Filialen der großen internationalen Ketten finden. Auch entlang der Hauptstraße **Odos Dikeosinis** reihen sich Shops aneinander. In den Straßen und Gassen zwischen dem **Markt** (Odos 1866) und der **Platia Ekateríni** ist das Angebot weniger touristisch als z. B. rund um die Hauptsehenswürdigkeiten wie dem **Morosini-Brunnen**, um den sich Souvenirläden, Imbissbuden und Cafés aufreihen. Kleine Läden bieten überall im Zentrum typische kretische Produkte an.

Veranstaltungen: Prächtige Osterfeier wie überall in Griechenland; erstklassige Spiele der Fußballprofis von OFI (Tickets: Tel. 2810259850) und der Basketballer von Iraklio BC Minoan Lines (Tel. 2810225221).

Bozouki-Lokale mit Musik und Tanz in Stadtnähe, z.B. ›Premiera‹ (an der Straße nach Knossós, ca. 3 km vom Zentrum).

ⓘ E.O.T., Odos Xanthoudidou 1 (gegenüber vom Archäologischen Museum), GR-71202 Iráklion, Tel. 2810228203 Fax 2810226020 (Mo.–Fr. 8.00–14.00 Uhr, Hauptsaison länger); Filiale im Flughafen.

KNOSSÓS ❷

Vorort Iráklions an der Hauptstraße Nr. 99.

Sehenswert: Der Ausgrabungsbezirk des minoischen Knossós. Um den zentralen Platz gruppieren sich die Wohn-, Magazin- und Kulträume, wie Propylon, Thronsaal oder ›Wohnräume‹ des Königs und der Königin; im Umkreis Badeanlagen, Verwaltungsbauten, Wohnungen, Theater usw. **Empfehlung:** Gleich bei Öffnung oder erst am späten Nachmittag kommen. Aufgrund des Andrangs werden mehr und mehr Ausgrabungsabschnitte gesperrt und Holzstege zum Schutz der Ruinen errichtet (tgl. 8.00–18.00, im Sommer bis 20.00). Hinter dem Ticketstand werden Führungen angeboten. Im Umkreis: gebührenpflichtige Parkplätze, Restaurants, Souvenirshops, Haltestelle des Stadtbusses Nr. 2 (Abfahrt nahe Archäologisches Museum in Iraklión).

ARCHÁNES ❸

Das alte Bergdorf ist seit Generationen einer der bedeutenden Weinorte Kretas.

Sehenswert: Der Dorfkern mit verwinkelten Gassen, kleinen Plätzen und Kapellen.

Museum: Das Ortsmuseum mit Funden der minoischen Ausgrabungen der Umgebung.

Umgebung: Auf einem Hügel (nördl., ausgeschildert) die minoische Nekropole **Fourní**. Auf dem Weingut Minos in Peza (2 km südl.) Weinproben und Führungen (tgl. 9.00 bis 18.00 Uhr). In **Vathípetro** (3 km südl.) Ruinen eines minoischen Herrenhauses.

Veranstaltung: Metamórfosis-Fest, Art Erntedank mit Jouchtas-Pilgerzug (6. Aug.).

MIRTIÁ ❹

Das Dorf ist der Geburtsort des Vaters des Autors Níkos Kazantzákis (1883 bis 1957).

Sehenswert: Den Dorfplatz, umgeben von Cafés und Lokalen, dominiert eine Bronzeplastik von Manólis Tzobanákis (1993).

Níkos-Kazantzákis-Museum: Video, Dokumente, Fotos, Relikte zu Kazantzákis' Leben, seinem Werk und dessen Umsetzung auf Bühne und Leinwand (März bis Okt. tgl. außer Do. 9.00–13.00, Mo., Mi., Sa./So. auch 16.00–20.00, Winter So. 9.00–14.00 Uhr).

THRAPSANÓ ❺

Reizvolles Töpferdorf, das von der Landwirtschaft (Blumenzucht, Wein, Oliven) lebt.

Einkaufen: Töpferwaren zu relativ günstigen Preisen in Läden an der Hauptstraße.

AROLÍTHOS ❻

Auf dem Reißbrett entworfenes Museumsdorf mit Wohnungen, Kneipen, Werkstätten, Läden und großem touristischen Angebot, u. a. ›Kretische Abende‹ mit Musik u. Tanz im Sommer (zu buchen in fast jedem Reisebüro).

TÍLISSOS ❼

›Echtes‹ kretisches Bergdorf: Wohnen in Familienpensionen, Essen in Tavernen.

Sehenswert: Ausgrabungsgelände der gleichnamigen minoischen Stadt (8.30–15 Uhr).

Aktivitäten: Wanderungen ins Ída-Gebirge.

FÓDELE ❽

Ort in fruchtbarer Schlucht mit Zitrusplantagen u. Gemüseanbau.

Sehenswert/Museum: Ausgeschilderter Pfad (ab Zentrum) zu kleiner **Kreuzkuppelkirche** (13. Jh.), erbaut über einer Basilika aus dem 8. Jh., mit wertvollen Fresken (13. Jh.); nur ein paar Schritte weiter liegt das **El-Greco-Museum** (tgl. 9.00–13.00 Uhr).

Maßstab 1:250.000

12,5 km — 10 — 7,5 — 5 — 2,5 — 0

Faszinierende Symbiose

Venezianisches Flair spürt man am Hafen, doch in den Gassen der Altstadt Réthimnons fühlt man sich eher in den Orient versetzt. Nirgendwo sonst auf Kreta gehen die Hinterlassenschaften der Vergangenheit eine derart faszinierende Symbiose ein wie hier. Am umweltbewussten Puls der Zeit ist die Hotelkette ›Grecotel‹, die in Réthimnon ihren Hauptsitz hat. Nationalheiligtum ist das Kloster Arkádi, das jeden November als Symbol des kretischen Freiheitskampfes ein großes Fest feiert. Stiller ist das Gedenken im Bergdorf Anógia an den Widerständler Alkibíades Skoulas.

Zu jeder Tageszeit in anderes Licht gehüllt: der Venezianische Hafen von Réthimnon.

▼ *Das Minarett der ehemaligen Moschee Pascha Nerazza*

▲ *Réthimnon türkisch: Moschee auf der Fortezza, ...* ▼ *... und Holzbalkone*

▲ *Überragend in jeder Hinsicht: das venezianische Kastell über dem modernen Réthimnon*

▲ *Altstadtbummel: Souvenirs aus dem Meer, ...* ▼ *... Girosstand für den kleinen Hunger*

Auch wenn Souvenirläden und knapp bekleidete Besucher ein Eintauchen in längst verstrichene Zeiten erschweren, spürt man beim Bummel durch Réthimnons Altstadt an jeder Ecke die reiche Vergangenheit.

Wer ist die Schönste?

▬ Réthimnon und Chaniá streiten sich seit ewigen Zeiten, wer von beiden wohl die Schönere sei. Ist es Réthimnon mit seinen Renaissancebauten, dem Venezianischen Hafen und Minaretten oder doch Chaniá mit der verwinkelten Altstadt, die an manchen Ecken eher an ein Dorf als eine Stadt erinnert? Rühmt sich Chaniá, lange Zeit Hauptstadt der Insel gewesen zu sein, verweist Réthimnon stolz auf seine Tradition als Kunst- und Universitätsstadt. Nach dem Fall von Konstantinopel fanden 1453 in Réthimnon zahlreiche Gelehrte und Künstler eine neue Heimat, und noch heute hält die hier ansässige philosophische Fakultät der Uni Kreta diese Tradition aufrecht. Moderne Ergänzung ist der Sitz des FORTH-Instituts in der Altstadt, wo man über Filmstudio, Labor und Bibliothek verfügt und neben der Forschung auch Stipendiaten fördert.

Mehr Schein als Sein

▬ Majestätisch thront über Réthimnons Altstadt die alte venezianische Fortezza. Um 1580 fertiggestellt, sollte sie dem Ansturm der Osmanen standhalten. Doch als diese 1648 auftauchten, währte der Widerstand nicht lange. Angesichts der Größe der Festung glaubt man den Gerüchten, die erzählen, dass die Réthimnioten bereitwillig mitgeholfen hätten, die Venezianer zu vertreiben, um den Machtwechsel herbei zu führen. Heute tummeln sich auf den Mauern Besucher aus aller Welt, um die Ausblicke auf das Meer, den Hafen und die verwinkelte Altstadt, die sich zu Füßen der Fortezza erstreckt, zu genießen.

Portale und Balkone

▬ In der ›Stadt der Portale‹ gleicht keine Eingangstür der anderen: Stammt die eine aus venezianischer Zeit, trägt die benachbarte deutlich türkische Züge. Grundsätzlich lassen sich zwei Typen unterscheiden, beide mehr oder weniger aufwändig

▲ *Réthimnon modern: Museum of Contemporary Art in einer renovierten alten Seifenfabrik*

▲ *Réthimnon traditionell: Trachten im Volkskundemuseum*　▼ *Kostas Giampoudakis*

▲ *Blick durchs Mikroskop am FORTH-Institute*

▲ *Ikonenmaler mit kompetentem Ratgeber* ▼ *Hier entstehen typisch griechische Saiteninstrumente*

verziert: Einer mit bogenförmigem Türsturz, ein anderer mit horizontalem. Darüber befindet sich in der Regel ein horizontaler Architrav, Tragbalken, oft mit Inschrift oder Familienwappen, bekrönt von einem Giebelfeld. Unter den Osmanen lebte die Tradition der Renaissanceportale weiter, selbst wenn die Türken schlichtere Formen bevorzugten und oft ein Koranzitat auf den Architrav setzten. Die meisten und besterhaltenen Portale finden sich in der Odos Nikiforou Foka, der Odos E. Vernardou und der Odos Arambatzoglou.

Nicht nur die Portale zeigen das Verschmelzen venezianischer und türkischer Einflüsse, auch die den alten Steinhäusern im ersten Stock scheinbar nur angeklebten und blickdichten Holzbalkone. Von hier oben verfolgten einst die Türkinnen das Treiben auf der Straße, ohne selbst gesehen zu werden.

Alter Venezianischer Hafen

Wenn aus dem Venezianischen Hafen auch nur mehr Ausflugs- und Fischerboote auslaufen, Réthimnons Herz schlägt hier immer noch. Einheimische und Besucher treffen sich in den Tavernen und Cafés. Fischer diskutieren lautstark über den immer weiter zurückgehenden Fischreichtum des Mittelmeers, den sie durch jahrelange Überfischung selbst mit verschuldet haben. Heute können beinahe nur noch kleine Sardellen reichlich aus den Netzen geholt werden. Erst seit einigen Jahren versucht die griechische Regierung, durch den Erlass von Fangquoten und das Verbot der Dynamitfischerei dieser dramatischen Misere zu begegnen.

Fährhafen nach Piräus

Der Bau einer guten Hafenanlage war seit venezianischer Zeit mit großen Problemen verbunden: Bedingt durch Nordostwinde und Meeresströmungen hatten die Réthimnioten ständig mit Versandung zu kämpfen. Weder die Anlage eines Kanals 1582, noch Fahrrinnenvertiefungen und Molen brachten längerfristig Abhilfe. Man plante im 17. Jahrhundert sogar die komplette Verlegung des Hafens in die Bucht westlich der Festung.

Erst im 20. Jahrhundert bekam man das Übel mit Hilfe eines künstlich geschaffenen

▲ Réthimnon mit italienischem Flair: der heitere Venezianische Hafen ... ▼ ... mit seinen Katzen, die auf milde Gaben der Fischer warten

▲ *Gute Aussicht: die alte Mole am Venezianischen Hafen*

▲ *Für den frischen Fisch ...*　　▼ *... sorgen die Fischer*

neuen Hafenbeckens mit vertiefter Fahrrinne und einer Mole – die noch weiter verlängert werden soll – westlich des alten Hafens einigermaßen in den Griff. Damit kann die täglich zum Festland (Piräus) verkehrende Fähre an dieser Stelle an- und ablegen.

Neue Maßstäbe im Tourismus

Umweltschutz und Müllvermeidung sind, wie sich oft zum Leidwesen feststellen lässt, auf Kreta nicht eben heiß diskutierte Themen. Und doch tut sich seit ein paar Jahren Erstaunliches. Eine der Einrichtungen, die maßgeblich diese langsame Kehrtwendung initiiert hat, ist das 1992 gegründete Environment and Culture Department (ECD) der griechischen Hotelkette ›Grecotel‹, die in Réthimnon ihren Hauptsitz hat. Als bis dato einzige Hotelkette im gesamten Mittelmeerraum unterhält ›Grecotel‹ eine solche Abteilung aus qualifizierten, im Umweltschutz ausgebildeten Mitarbeitern und erhält als einziges griechisches Unternehmen auch Forschungsgelder aus dem EU-Programm ›Tourismus und Umwelt‹.

Die Philosophie der Hotelkette lässt sich in drei Schlagworten zusammenfassen: Natur – Kultur – Gesellschaft. Doch die Projekte zielen nicht ausschließlich auf den Tourismus, sondern haben immer auch die Wahrung der Traditionen, Religion und des Geschichtsbewusstseins der lokalen Bevölkerung und den Erhalt der natürlichen Ressourcen der Insel im Blick. So wird versucht, die Luftverschmutzung einzudämmen, Wasser und Energie zu sparen. Solaranlagen zur Warmwassergewinnung, Energiesparlampen oder FCKW-freie, sparsame Kühlschränke in den Hotels zeigen bereits gute Erfolge. Bei Neubauten und Renovierungen wird möglichst viel lokales Baumaterial (in traditionellen Bauformen) eingesetzt, und die Grünflächen mit klimaangepassten heimischen Pflanzen begrünt. Schließlich werden seit 1995 Obst und Gemüse verstärkt von einem organisch arbeitenden Betrieb namens ›Agreco‹ geliefert. ›Grecotel‹ fördert damit die heimische Landwirtschaft und erleichtert traditionellen Bauern den Umstieg zu umweltbewussteren Anbaumethoden und -produkten.

▼ Kloster Arkádi: Kirche mit schöner Barockfassade ...

▲ Östlich von Réthimnon liegt das ›Grecotel El Greco‹

▼ Naturwunder: Tropfsteinhöhle von Melidóni

▼ ... und Mausoleum mit Gebeinen von Verfolgten

▲ *Badeort Balí: In der Antike bedeutend war der Hafen, ...*   ▼ *... heute beliebt ist der Strand*

Beten und kämpfen

🔴 500 Meter hoch in den Bergen thront das Kloster Arkádi. Wie viele kretische Klöster beteiligte sich auch Arkádi aktiv am Widerstand gegen alle fremden Eindringlinge, besonders vehement während der über 200 Jahre langen türkischen Besatzung. Meist an entlegenen und schwer zugänglichen Orten errichtet, nutzten die Mönche ihre religiöse Freiheit nicht nur zum meditativen Gebet. Sie gewährten Freiheitskämpfern und deren Familien Unterschlupf, halfen bei der Nachschubbeschaffung und, wenn nötig, griff so mancher Ordensmann gar selbst zur Waffe.

Auch die Kreter von heute haben den Mönchen bis heute nicht vergessen, welche Rolle sie bei der Wahrung des kulturellen Erbes und ihres Nationalbewusstseins spielten. In versteckten Schulen – im Kloster Moní Kardiótissa auf dem Weg zur Lassíthi-Hochebene ist eine solche noch zu besichtigen – unterrichteten sie die Kinder, Mädchen wie Buben. Letztere versteckten die Mönche so gut es ging vor dem Zugriff der Türken, welche die Knaben bevorzugt als Soldaten zwangsrekrutierten.

Freiheit oder Tod

🔴 ›Die Flammen, die in dieser Krypta entzündet wurden und die ihren Feuerschein über das ganze ruhmreiche Kreta warfen, waren Gottes Feuer – das Feuer, in dem die Kreter für die Freiheit starben.‹ Diese Gedenkinschrift im ehemaligen Magazin des Klosters Arkádi erinnert an jene Ereignisse um den 8. November 1866. Damals belagerte ein 15 000 Mann starkes osmanisches Heer das Kloster, in dem sich neben den Mönchen etwa 1000 Menschen, davon kaum 300 bewaffnet, verschanzt hatten. Anstatt sich aber der türkischen Übermacht zu beugen, sprengten sich, angeführt von Konstantin Giamboudákis und dem Abt des Klosters, Gabriel Marinákis, Hunderte von Freiheitskämpfern, Frauen und Kinder im Klostermagazin selbst in die Luft, als die Türken das Kloster stürmten.

Gerade einmal 114 Kreter, Frauen, Kinder und Alte, sollen den Ansturm überlebt haben. Und ein einziger Kämpfer, der sich in einer Zypresse im Hof versteckt hielt, soll unentdeckt entkommen sein.

▲ *Schafzucht auf der Nída-Hochebene*  ▼ *Der Mitato ist die Rundhütte kretischer Hirten*

▼ *Im Kafeníon ist ›Mann‹ unter sich – und frönt dem Tavli-Spiel*

▼ *Einfach malerisch: Bergdorf Goniai am Fuß des Ída-Gebirges, nur wenige Kilometer östlich von Anógia*

▲ *Anógia: Geórgios Skoulas' Erinnerungen an seinen Vater* ▼ *Die Frauen machen Handarbeiten*

Seit diesem ›Kampf bis zum letzten Blutstropfen‹ ist Arkádi das Symbol für den kretischen Freiheitskampf. Deshalb feiern die Kreter hier alljährlich am 8. November ein großes Fest. Besonders beliebt dabei ist der immerhin 21 Kilometer lange Halbmarathon nach Réthimnon. Wer glaubt, diese ›Verweltlichung‹ würde der Erinnerung an Türkenherrschaft und Freiheitskampf schaden, missversteht die kretische Mentalität. Leid und Lebensfreude liegen hier eng beieinander, gehören zu ein- und derselben Person.

Museum für Alkibíades Skoulas

Unübersehbar ragt der zweispitzige Psilorítis mit seinen 2456 Metern aus dem Ída-Massiv. Während der ›Sitz der Götter‹ – hier oben soll der legendäre König Minos von dem hier geborenen Göttervater Zeus seine Gesetze erhalten haben – heute ein beliebtes Ziel von Bergsteigern ist, finden in dem Bergdorf Anógia zu seinen Füßen am Nordabhang des Gebirges nur wenige den Weg in das kleine Museum. Dabei ist es mehr als ein Museum. Es ist ein Denkmal für den 1902 geborenen Alkibíades Skoulas, der über 90-jährig vor einigen Jahren verstarb. Die Skoulas sind eine bekannte Familie in dieser Gegend, Hirten und Bauern – und immer zentrale Figuren im Freiheitskampf.

Alkibíades beispielsweise gehörte während der deutschen Besatzung 1944 zu den Widerständlern. Er musste mit ansehen, wie sein Dorf nach der Entführung des deutschen Oberbefehlshabers Karl Kreipe durch von den Deutschen gefangene Kreter und Briten dem Erdboden gleichgemacht wurde, wie unschuldige Menschen erschossen wurden. Alkibíades aber war nicht nur Kämpfer, er hatte auch künstlerisches Talent: Aus Olivenstümpfen, Wurzeln und Steinen schnitzte er fantasievolle Gebilde und eindrucksvolle Porträts und malte Szenen aus dem eigenen Leben, aus der Dorfgeschichte oder vom Kampf der Kreter gegen die Besatzungsmächte. Sein Sohn Geórgios, nicht nur äußerlich Ebenbild seines Vaters, leitet heute das Museum. Sehr gern erzählt er von Liebe, Tod und Kampf seiner Vorfahren in kretischen Liedern, oft Stehgreif-Rezitationen, mit Lyra-Begleitung.

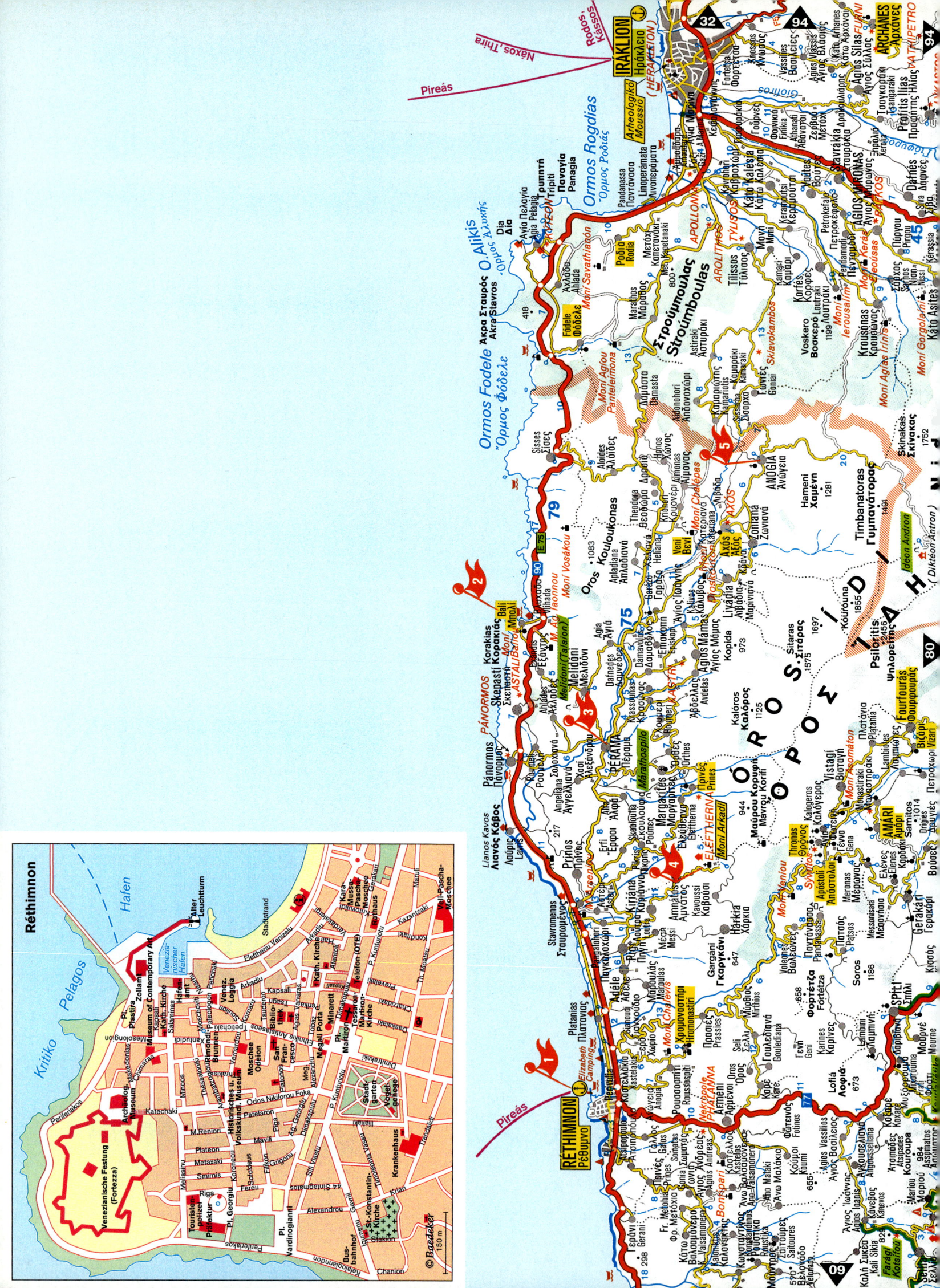

RÉTHIMNON ①

Touristenzentrum (25 000 Einw.) mit entsprechender Infrastruktur. Seit dem 15. Jh., als viele Gelehrte nach dem Fall von Konstantinopel hier eine neue Heimat fanden, ist die Stadt das geistige Zentrum der Insel; sichtbares Zeichen ist die philosophische Fakultät der Universität von Kreta.

Geschichte: Erst mit der Machtübernahme der Venezianer im frühen 13. Jh. entwickelte sich das Fischerdorf zur Stadt. Als Réthimnon im 14. Jh. von den Venezianern zu einem Verwaltungssitz erhoben wurde, entstand die malerische Altstadt mit dem vielgerühmten italienischen Flair. Obwohl die Konstruktion der Festung des späten 16. Jh. noch heute Staunen auslöst, hielt sie den türkischen Angriffen 1646 nicht stand. Die Türken bauten die zentrale Rolle der Stadt aus und hinterließen ebenfalls ihre Spuren in Gestalt von Portalen, Holzbalkonen und Minaretten. Bei der deutschen Invasion im Mai 1941 stand die Ebene um Réthimnon im Mittelpunkt.

Sehenswert: Den Rundgang beginnt man am besten auf der **Fortezza** mit fantastischem Blick über das Umland (Di.–So. 8.00–19.00 Uhr). Das Zentrum der Altstadt bildet der 1629 erbaute **Rimondi-Brunnen**. Hier sitzt es sich gut bei kühlem Drink oder griechischem Kaffee. In der ehemaligen **Moschee Pascha Nerazza** mit ihrem weithin sichtbaren Minarett steckt eine venezianische Kirche. Heute dient der Bau als Musikschule (Odeion). Nur wenige Schritte davon entfernt liegt die frühere **Klosterkirche San Francesco**, einer der eindrucksvollsten venezianischen Bauten der Stadt, in dem Wechselausstellungen stattfinden.

Durch die **Megali Porta** (Porta Guora), dem einzigen erhalten Stadttor aus der Mitte des 16. Jh., betritt man die Neustadt. Vorbei am **Denkmal** für den kretischen Nationalhelden **Kostas Giampoudakis**, der einst Kloster Arkádi verteidigte, überquert man den großen Platz Platia 4 Martiron und erreicht den **Stadtgarten**, Treff der Einheimischen.

Zwei Moscheen in der Nähe erinnern an die Türkenzeit: Während die **Veli-Pascha-Moschee** mitten in der Neustadt immer noch auf ihren Umbau in ein Naturkundemuseum wartet, ist die in der Altstadt gelegene **Kara-Mussa-Pascha-Moschee** Magazin der achäologischen Behörde. Die **Bischofskathedrale Mariä Himmelfahrt** (katholische Kirche) wurde von den Kretern in der zweiten Hälfte des 19. Jh. mit Geldern des russischen Kommandanten der Sicherungstruppe als Gegenpol zur Nerazza-Moschee errichtet. In der umgebauten **Venezianischen Loggia** kann man offiziell autorisierte Abgüsse antiker Plastiken aus griechischen Museen kaufen. Den malerischen **Venezianischen Hafen** säumen zahlreiche Tavernen.

Museen: Viel über die reiche Stadtgeschichte erfährt man im **Archäologischen Museum** im Torvorbau der Fortezza, O. Chimaras (Di.–So. 8.30–15.00 Uhr). Moderne griechische, vor allem kretische Kunst zeigt das **Museum of Contemporary Art**, O. Chimaras (Di.–Sa. 9.00–14.00 u. Mi.–Fr. 18.00–21.00, So. 10.00–15.00 Uhr). Über Kunsthandwerk und kretische Traditionen informiert das **Volkskundemuseum**, O. Vernardou 28–30 (Mo.–Sa. 10.00–14.00 Uhr).

Einkaufen: Auf dem ganzen Areal rund um den **Rimondi-Brunnen** und der anschließenden Platia Tpetichaki findet man vor allem kleine Läden mit Souvenirs und kretischen Spezialitäten wie etwa Kräutern. In der schmalen **Odos Souliou** sind Lederwaren, Schmuck, Handarbeiten und Geschenkartikel sowie kretische Produkte in großer Auswahl erhältlich. Auf etwa das gleiche Angebot stößt man in den Straßen **Odos Arambatzoglou** und **Koroneou**. Im Umkreis der **Odos Antistaseos** gehen die Einheimischen einkaufen (Gebrauchsartikel von Lebensmitteln über Handarbeiten bis zu Messern). Donnerstags findet auf dem Parkplatz gegenüber der Platia 4 Martiron, neben dem Stadtgarten, ein großer **Markt** statt.

Aktivitäten: Bootsausflüge, darunter auch ein Badeausflug mit Delphin-Beobachtung, vom Venezianischen Hafen, z.B. Dolphin Cruises; Wandern durch das Tal der Mühlen (7 km), die Milonianós-Schlucht (5 km) oder zum Kloster Arkádi (20 km), organisiert bei Happy Walker (Tel./Fax 0831052920); Tauchkurse, Wasserski, Windsurfen und andere Wassersportarten durch die den großen Strandhotels angeschlossenen Sportveranstalter, z. B. Wassersport Center im ›Grecotel El Greco‹ oder Diving Center Atlantis im Hotel ›Rithymna Beach‹; Mountainbike-Touren bei Hellas Bike Travel, Tours & Rental (Tel. 0831/53328, Fax 52691).

Veranstaltungen: Pompöses Osterfest; großes Fest mit Markttreiben, Musik und anderen Veranstaltungen zum Gedenken an die Widerständler 1866 gegen die Türken im Kloster Arkádi (8. Nov.).

Umgebung: Langer Sandstrand um weit geschwungene Bucht (östl.); Hotelkomplexe und Pensionen (Stadtbusse) um die Vororte Perivolia (3 km östl.), Plataniás (5 km östl.), Stavromenos (11 km östl.).

ⓘ Städtisches Infobüro, Odos Eleftheríou Venizélou (am Strand), GR-74100 Réthimnon, Tel. 2241023655 Fax 2241026955 (Mo.–Fr. 8.00–14.30 Uhr).

BALÍ ②

Beliebter Urlaubsort mit entsprechender Infrastruktur dank der traumhaften Lage.

Sehenswert: Das über dem Ort gelegene Kloster **Ágios Ioánnis** (tgl. außer Fr. 9.00–12.00 u. 16.00–19.00 Uhr).

Umgebung: In das Fischerdorf *Panormos* (9 km westl.) kommen meist nur Tagesausflügler zum Baden am Strand oder zum Essen in die kleinen Hafentavernen.

PÉRAMA ③

Touristisch kaum entwickeltes Agrarzentrum im Hinterland an der Old Road.

Umgebung: Typisches kretisches Töpferdorf ist *Margarítes* (6 km südl.). Die geologisch und archäologisch bedeutende Tropfsteinhöhle an einem Berghang bei Melidóni (4 km nordöstl.) ist kretisches ›Heiligtum‹: 1823 verschanzten sich hier 370 Kreter, meist Frauen, Kinder und Alte, gegen eine türkische Übermacht. Als sie sich nicht ergaben, machten die Türken vor dem Eingang ein Feuer: Die Kreter erstickten qualvoll.

KLOSTER ARKÁDI ④

Die im 16. Jh. gegründete Anlage hoch über der Ebene von Réthimnon ist ein Mahnmal des Widerstands. Sie besteht aus der Kirche mit Barockfassade und einem neu renovierten Kloster mit Mönchszellen, dem alten Refektorium, der Küche sowie kleinem Museum mit angeschlossenem Lädchen um einen idyllischen Innenhof. Eindrucksvoll sind die Reste des 1866 gesprengten Pulvermagazins (tgl. 8.30 bis Sonnenuntergang; großer Parkplatz; Busse nach Réthimnon und zu den näheren Strandorten dreimal tgl.).

ANÓGIA ⑤

Bergdorf in schöner Lage an einer Nebenstraße der alten Verbindung Réthimnon – Iráklion am Nordabhang des Ída-Gebirges.

Geschichte: Im 19. Jh. von den Türken verwüstet. 1944 machten die deutschen Besatzungstruppen das Widerstandsnest dem Erdboden gleich. Wiederaufbau des Ortes mit finanzieller Unterstützung der USA nach dem Zweiten Weltkrieg.

Museum Skoulas am Ortsrand, ausgeschildert (unregelmäßige Öffnungszeiten).

Einkaufen: Webarbeiten.

Aktivitäten: Wanderungen auf die Nída-Hochebene (15 km), zur Zeushöhle Idéon Ándron (16 km), auf die 2456 m hohen Psilorítis (20 km).

Maßstab 1:250.000

12,5 km
10
7,5
5
2,5
0

Die Heimat der ›Unbeugsamen‹

Mögen in Chaniá auch die türkischen Bauten, wie die Janitscharen-Moschee, Bäder oder Minarette, als mächtige Herrschaftssymbole der osmanischen Besatzer die Zeiten überdauert haben – die Kreter haben sich hiervon nie beeindrucken lassen. In den Léfka Orí, den Weißen Bergen, sind seit jeher jene Insulaner zu Hause, die als besonders unbeugsam und ungestüm gelten. Wenn sich in Chaniá, dem einstigen Zentrum der Insel, Herrscher und Beherrschte arrangierten, waren die Bergbewohner noch lange nicht damit einverstanden.

Am Venezianischen Hafen von Chaniá: die Janitscharen-Moschee.

▲ Chaniá: Die 1857 erbaute Kathedrale Trimartyri – außen schlicht, innen um so farbenprächtiger – dominiert das Zentrum

▲ In der Ledergasse ist das Angebot riesig

▲ Im Altstadtviertel Evraiki findet man trotz Verfall ...   ▼ ... sehr idyllische Plätzchen

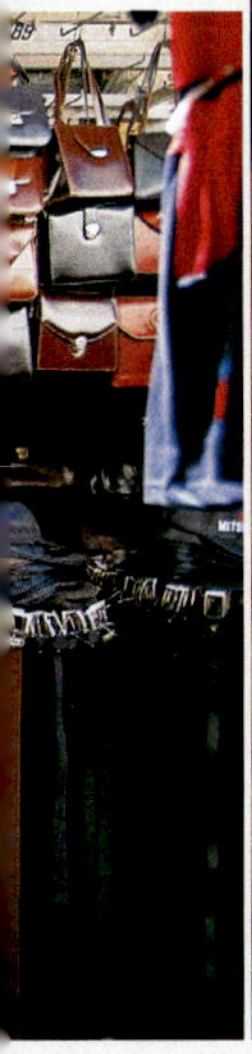

Chaniá, Kretas zweitgrößte Stadt, hat zwei Gesichter: das eine zeigt sie als moderne griechische Stadt, das andere als geschichtlicher Architekturkatalog mit antiken, venezianischen, türkischen und kretischen Elementen.

Von Kydonia zu Chaniá

Es wurmt die Chanioten schon etwas, dass ihre Heimat 1972 den Status als Kretas Hauptstadt verloren hat. Angesichts der längeren Geschichte und der größeren Attraktivität der Stadt ist aber letztlich doch niemand auf Iráklion neidisch. Schon in der Antike unter dem Namen Kydonia Handelsmacht und politisches Zentrum, wurde der Stadtname bis in die Spätantike hinein sogar als Bezeichnung für die ganze Insel verwendet. Unter der Herrschaft von Venezianern und Osmanen änderte sich nichts an der großen Bedeutung der Stadt, lediglich wandelte sich der Name: Aus der Metropole Kydonia wurde erst La Canea, dann Chaniá.

Dörfliche Vielfalt

Das alte Chaniá wird von der Neustadt wie von einem Betongürtel umklammert. Das Besondere an der Altstadt ist jedoch, dass es sich nicht um ein homogenes Gebilde handelt, sondern sie vielmehr aus mehreren einzelnen Vierteln besteht, die jeweils für ein Kapitel der langen Stadtgeschichte stehen. Steigt man hinauf in das Viertel Kastélli, das sich östlich des Venezianischen Hafens und südlich des Fischer- und Jachthafens erhebt, befindet man sich im alten Kern der Stadt. Hier fand man die ältesten Siedlungsspuren in Gestalt von Häuserfundamenten, die Teil einer minoischen Siedlung waren. Sie sind heute noch, stark überwachsen, in der Odos Kanevóro zu sehen. Die Türken hingegen erbauten das sich östlich von Kastélli ausbreitende Spantzia-Viertel. Besonders hier glaubt man sich in einem abgeschiedenen Dorf.

Ganz anders das Bild im Westen der Altstadt: Hinter dem Halbrund pastellfarbiger Hausfassaden, Cafés und Tavernen, die den Venezianischen Hafen säumen, breiten sich die Gassen des Topanás-Viertels zur alten Festung hin aus. Dieses wiederum geht nach Süden ins ehemalige

▲ *Venezianische Paläste im Topanás-Viertel*   ▼ *Die Kirche San Francesco als Museum*

▲ *Chaniás Markthalle an der Platia Venizélou verführt ...* ▼ *... zu Käse, Gewürzen, Honig*

▲ *Fischerboote vor den alten venezianischen Arsenalen*

▲ *Venezianischer Hafen: belebt die Tavernen,* ... ▼ *... ruhig der Sonnenuntergang über der Mole*

▼ *Frühmorgens am Venezianischen Hafen: Chaniás Hintergrundkulisse – die Weißen Berge*

jüdische Viertel Evraiki über. Besonders beliebt sind hier die Tavernen in den Ruinen venezianischer Palazzi und die Cafés.

Gesunde Küche

Längst ist es wissenschaftlich nachgewiesen: Kretas Küche ist dank ihrer Konzentration auf Olivenöl, Obst, Gemüse sowie Fisch und dem weitgehenden Verzicht auf tierische Fette und Schweinefleisch eine der gesündesten der Welt. Nirgendwo soll die Herzinfarktrate so niedrig sein, die Menschen so günstige Cholesterinwerte und so selten Probleme mit dem Kreislauf haben. Die Grundelemente dieser Küche werden in Chaniás Markthalle – allein schon als Bauwerk ein Juwel – vor Augen geführt: Oliven und qualitativ hochwertige Olivenöle, Kräuter, frischer Fisch und Meeresfrüchte, Lamm- und Hammelfleisch, Geflügel, einheimische Käsesorten, wie der magere Mithitra oder der würzige Anthótiro, der gerne in Honig getaucht mit Weißbrot zum Frühstück gegessen wird, sowie Trauben, Zitrusfrüchte, Bananen vielerlei Gemüse, allen voran Tomaten, Paprika, Knoblauch und Zwiebeln, Artischocken, Gurken, Auberginen und nicht zuletzt Kartoffeln.

Vater des modernen Kreta

━━ In Chaniá befand sich nicht nur ein geistiges Zentrum des kretischen Widerstands, hier wuchs auch einer der bedeutendsten griechischen Politiker auf: Elefthérios Venizélos (1864–1936). Zwischen 1910 und 1933 war er, mit Unterbrechungen, achtmal griechischer Premierminister und führte den lange dahindümpelnden Bauernstaat in die Moderne. Mit seiner Verfassungsreform 1911 wurden erstmals verbindliche liberale Rechtsnormen eingeführt, und 1913 gelang es ihm, Kreta in das griechische Staatswesen einzubinden. Er war es, der die Sanierung der Staatsfinanzen in Angriff nahm und eine Reorganisation der Landwirtschaft in Genossenschaften einleitete.

Es verwundert deshalb nicht, dass es kaum einen Ort in Griechenland gibt, in dem Venizélos nicht durch eine nach ihm benannte Straße, einen Platz oder ein Denkmal geehrt würde. Seine innenpoliti-

▲ *Auf der Halbinsel Akrotíri: Kloster Agia Triáda*

▲ *Die Kapelle des Johannes liegt ...*   ▼ *... auf dem Weg zum Kloster Katholikó*

▲ *Denkmal für Elefthérios Venizélos an der Straße nach Akrotíri*

▲ *An der Fassade der Kirche des Klosters Gouvernéto ...* ▼ *... wachen Fratzen*

sche Bedeutung und die seines ebenfalls politisch aktiven Sohnes Sófoklis (1894–1964) für die moderne kretische und griechische Geschichte ist bis heute unumstritten. Gleich hinter dem Diplomatenviertel Chaniás, auf dem Hügel Profitis Ilias, liegen Vater und Sohn begraben. Vor ihren schlichten Alabastergrabmälern steht die Statue eines Freiheitskämpfers. Von dem gepflegten Park lässt sich die Aussicht auf die Bucht genießen.

Der Kampf um Kreta

■ Anfangs wundert man sich noch über die vielen militärischen Sperrgebiete auf der Insel, besonders auf der Halbinsel Akrotíri östlich von Chaniá, erschrickt beim Lärm der tieffliegenden Düsenjets und staunt über die zahlreichen Nato-Soldaten, die an Wochenenden die Strände um Chaniá bevölkern.

Doch Kretas strategische Bedeutung aufgrund seiner zentralen Lage im Mittelmeer war und ist groß. Im Zweiten Weltkrieg kam es im Mai 1941 nahe Chaniá zu einer der schwersten Auseinandersetzungen zwischen deutschen und alliierten Truppen. Die beiden Militärfriedhöfe bei Souda und Máleme erinnern an das blutige Unternehmen: Deutsche Fallschirmjäger führten die erste großangelegte Luftlandeaktion der Militärgeschichte aus und vertrieben nach langen und verlustreichen Gefechten die Alliierten von der Insel. Zahlreiche Denkmäler auf Kreta erinnern an die Kämpfe und den oft erbitterten Widerstand der Kreter in jenen Jahren.

Flüssiges Gold

■ Der majestätisch-wehrhafte Charakter des Klosters Agía Triáda – eines der insgesamt vier Klöster auf der Halbinsel Akrotíri sowie eines der größten und bedeutendsten Kretas – ist zweifellos beeindruckend. Weit über die Halbinsel hinaus bekannt und berühmt ist es aber vor allem wegen seines Olivenöls. Unzählig sind die alten Bäume auf dem Klostergrund. Seit Generationen lesen die Pachtbauern des Klosters, insbesondere die Bäuerinnen, die gerade heranreifenden Oliven mit der Hand von den am Boden ausgebreiteten Netzen. Möglichst rasch werden die Oliven dann schonend gepresst, natürlich ›kalt‹,

▼ *Bei Georgioúpolis: Kapelle an der Almíros-Mündung*

▲ *Die Ágios-Michaíl-Archángelos-Kirche bei Arádena westlich ...* ▼ *... von Chóra Sfakíon*

▼ *Südküste: venezianische Festung Frangokastéllo*

▲ *Bei Kournás liegt Kretas einziger Süßwassersee*　　▼ *Vrísses: Einkehr unter Platanen*

bei maximal 37 bis 40 Grad Celsius, sodass jenes gelblich-grüne geschmacksintensive Öl entsteht, das die Mönche voller Stolz in verschiedenen Flaschen- und Kanistergrößen in ihrem kleinen Laden zum Verkauf anbieten. Das ›Native Oliveoil Extra Virgen‹ des Klosters Agía Triáda zählt zu den besten der Insel.

SPECIAL

Kostbares Nass

Wasser war und ist auf Kreta ein kostbares Gut – vor allem im Sommer. Um so verwunderter reibt man sich im Hinterland des beliebten Urlaubsorts Georgioúpolis, auf halbem Weg zwischen Chaniá und Réthimnon, die Augen: Das blau schimmernde ›Wasserbecken‹ vor der Bergkulisse erinnert fast an einen Alpensee. Der Kournás-See ist Kretas einziger natürlicher Süßwasser-Binnensee. Zugleich ist er auch ein beliebtes Kurzwanderziel von Küstenurlaubern. An Baden ist im Sommer allerdings kaum zu denken. Zum einen durchzieht ein langer Algenstrang den See, zum anderen sinkt der Wasserpegel so stark ab, dass es höchstens zu einem Fußbad reicht. Denn die Bauern der Region nutzen den See als Wasserreservoir zur Bewässerung ihrer Felder. Die Besucher kommen jedoch sowieso nicht wegen des Badens hierher, sondern sitzen gern am Seeufer in den Tavernen, um Landschaft und Ruhe zu genießen.

Das ›Windloch des Südens‹

Anders als im Norden reichen die Weißen Berge an der Südküste des westlichen Kretas bis ans Meer heran. Daher ist das Reisen in diesem Teil bis heute schwierig, Verbindungsstraßen sind rar und Boote das wichtigste Verkehrsmittel. Von Moní Préveli verläuft eine der wenigen Routen an der Küste entlang, teils atemberaubend an die Berghänge geklebt, vorbei an Plakiás Richtung Sfakiá.

Dem in der gleichnamigen Bucht gelegenen Ort Plakiás haftet der Ruf als ›Windloch des Südens‹ an. Pausenlos wehen hier laue Südwinde, die die feinen Sandkörner in alle Ritzen und Poren treiben. Ist es an der Nordküste der Meltémi, der die Hochsommerhitze erträglich macht, können

▲ *Taverne in Mírthios mit Ausblick auf die Bucht von Plakiás* ▼ *Am Strand von Préveli*

▲ *Bootsfahrt in die Megalopotamos-Schlucht beim Kloster Préveli*

▲ *Zwischen Himmel und Meer: Moní Préveli mit seiner Klosterkirche von 1836*

▲ *Am Préveli-Strand gibt es Auswahl: Baden im Meer ...* ▼ *... oder im Megalopotamos*

sich im Süden die Winde im Sommer zum Schirokko, Livás, in Orkanstärke steigern.

Die ›Seelen des Taus‹

Unheimliches soll sich Mitte Mai vor der alten Festung Frangokastéllo ereignen. Im Morgengrauen ziehen gefallene kretische Freiheitskämpfer an ihren Mauern vorbei. Drosolites, Seelen des Taus, nennen die Kreter dieses Phänomen. Die Wissenschaft sieht das prosaisch und hat eine realistischere Erklärung parat: Luftspiegelungen durch das Zusammentreffen spezieller atmosphärischer Erscheinungen über dem Libyschen Meer. Die Einheimischen allerdings ziehen bis heute die Version von den sich jährlich in Erinnerung rufenden 400 Widerstandskämpfern vor, die sich 1828 in dem venezianischen Kastell verschanzt hatten und von anrückenden Türken niedergemetzelt wurden.

Angst vor der Blutrache

Chóra Sfakíon, der zentrale Ort der Sfakiá, ist für Kreta-Touristen die letzte Etappe nach der Tour durch die Samariá-Schlucht. Hier legen die Schiffe aus Agía Rouméli an und hier auch warten die Busse, um die zumeist ermüdeten Wanderer wieder sicher in ihre Hotels zurückzubringen.

Einst war der kleine Hafen das Zentrum der gefürchteten Sfakioten, die in der lebensfeindlichen, von der Außenwelt abgeschlossenen Bergwelt eine eingeschworene Gemeinschaft bildeten. Stolz, tapfer, unbeugsam und ungestüm sollen sie gewesen sein, weder Tod noch Teufel fürchtend. Für die Sfakioten stand die eigene Familie an erster Stelle. Für ihre Ehre und Unversehrtheit griff man sogar gegen die eigenen Landsleute zur Waffe. Mancher Kreter behauptet, dass durch die Vendetta, die Blutrache, mehr Sfakioten umgekommen seien als durch die jahrhundertelangen Freiheitskämpfe. Bis ins 20. Jahrhundert hinein bekämpften sich verfeindete Familien heftig. Und viele Sfakioten sahen in der Flucht die einzige Möglichkeit, der grausamen Blutrache zu entkommen. So entstanden Enklaven, wie etwa die Stadt Ágios Nikólaos im Osten Kretas, die sich um die Wende zum 20. Jahrhundert großen Zulaufs erfreute.

Pireás

© Baedeker
150 m

Chaniá

Kolpos Chanion
Fischer- und Jachthafen
Venezianischer Hafen
Arsenale
San Salvatore
Platia Talo
Nautisches Museum
Strand
Xenia
Akti Enoseos
Universität
Zollamt
Arsenale
Janitscharen-Moschee
San Marco
Minoische Ausgrabungen
SPANTZIA
TOPANAS
Renieri-Palast
S. Rocco
Pl. Syntri-vani
KASTELLI
Venez. Loggia
San Francesco (Archäolog. Museum)
Agios Nikolaos
Pl. 1821
Agii Anargyri
Volkskunde-museum
Ortho-doxe Kirche
EVRAIKI
Schiavo Bastion
Minarett
Haus des Venizelos
Pl. 1866
Markt
Platia S. Venizelu
Autobushof
Telefon (OTE)
Freilicht-theater
Venez. Stadtmauer
Stadion
Rathaus Touristen-polizei
Bibliothek
Stadt-park
Busbahnhof
Histor. Museum

Vardiés
Βαρδιές · 340
Katholikó
Mavromouri
Μαυρομούρη
Stavrós Σταυρός
Moní Gouvernétou
HERSONISOS
Horafakia Χωραφάκια
Koumarés Κουμαρές
Moní Agía Ioannou
Moní Tzagarólou (Agía Triáda)
AKROTIRI
Hordaki Χωρδάκι
Akrópoli Ακρόπολι
Ormos Kalathas
Όρμος Καλαδάς
Kounoupidiana Κουνουπιδιανά
Kambani Καμπανί
Kalórouma Καλόρουμα
Kathená Καθενά
ΧΕΡΣΟΝΗΣΟΣ
Perivolitsa Περιβολίτσα
Agii Theódori
Αγ. Θεόδωροι
CHANIÁ
Χανιά
KIDONIA
Kastelli
Táfos El. Venizélou
Prodrómou
AKROTIRI
ΑΚΡΩΤΗΡΙ
Aerodrómo
Stérnes Στέρνες
Agia Marina
Αγία Μαρίνα
Galatás Γαλατάς
Daratsos Δάρατσος
English Cemeter
Korakiés Κορακιές
Aróni Αρώνι
Ag. Nikólaos Αγ. Νικόλαος
Anemomili Ανεμόμιλοι
Vigles Βίγλες ·195
Marathi Μαραθί
Stalos Σταλός
Osii Όασι
Vamvakópoula Βαμβακόπουλα
Varypetro Βαρύπετρο
SOÚDA ΣΟΎΔΑ
K. Maráthi K. Μαράθη
N. Paleossouda Ν. Παλαιοσούδα
N. Soúda Ν. Σούδα
MINOA
Kalamion
Pireás
Thessaloniki
Periviólia Περιβόλια
Mournés Μουρνές
Tsikalaria Τσικαλαριά
Chryspigi
Nerokoúros Νεροκούρος
Malaxa Μαλάξα
Panagia Malaxa Παναγία Μαλάξα
507
Kontópoula Κοντόπουλα
Metóhi Μετόχη
Faragi Φαράγγι
Megála Chorafia Μεγάλα Χωράφια
APTERA
Kalámi Kalami
Izzedine
Ormos Soudas
Akrotiri Drapanon
Ακρωτήριο Δράπανο
Kalives Καλύβες
Kalúbes
Plaka Πλάκα
Almirida Αλμυρίδα
Kokino Horio Κόκκινο Χωριό
Fournés Φουρνές
Loulos Λούλος
Gerolakkos Γερωλάκκος
Platyvola Πλατιβόλα
Katohori Κατωχόρι
Kambi Κάμπι
Stilos Στύλος
Provarma Προβάρμα
Armeni Αρμένοι
Neo Horio Νέο Χωριό
Tsivaras Τσιβαράς
Aspro Άσπρο
Drápanos Δράπανος
Kamiá Καμιά ·529
IPOKORONION
Gavalohori Γαβαλοχώρι
Mesklá Μεσκλά
Thériso Θέρισο
RIZINIA
Drakóna Δρακόνα
Samonás Σαμονάς
Ramni Ραμνή
Maheri Μαχαιρί
VAMOS ΒΑΜΟΣ
Kaina Καίνα
Selia Σελιά
Kefalás Κεφαλάς
Xirosterni Ξηροστέρνι
Ormos Almirou
Όρμος Αλμυρού
Lákki Λάκκοι
Xerakokefala Ξερακοκεφάλα
1238
Kaloros Καλόρος
Mavri Μαύρη
2069
Maniá Πάντες Αγίοι Πάντες
Madará Μαδαρά
Paidohóri Παϊδοχώρι
Nipos Νίπος
Frés Φρές
Litsarda Λιτσάρδα
Litárda Λιτάρδα
Alexandrou Αλεξάνδρου
Kalamitsi Amigdali Καλαμίτσι Αμυγδάλι
Likotinarea Λικοτιναρέα
RÉTHIMNON
Ρέθυμνο
Platan Πλάταν
Perivolia Περιβόλια
Kallérgi (E.O.S.)
1925
Melintaou
2133
Grias Suros
2331
LEFKA ÓRI
Kastro Κάστρο
2218
Tzitzifés Τζιτζιφές
Vafés Βαφές
Emprósneros Εμπρόσνερος
Vatoudiaris Βατουδιάρης
Alíkampos Αλίκαμπος
Limni Kourna
Λίμνη Κουρνά
Vrisses Βρύσσες
Exópoli Εξώπολι
Fones Φονές
AMFIMALA
Georgioúpoli Γεωργιούπολι
George Camping
Urania Ουρανία
Dramia Δράμια
Gerani Γεράνι
298
Episkopi Επισκοπή
Karoti Καρωτή
Kato Valsamonero Κάτω Βαλσαμόνερο
Kastelos Κάστελος
Kournás Κουρνάς
Patima Πάτιμα
Tripali Τρίπαλι
Τρύπαλι 1494
Asígonia Ασήγωνια
Maroulou Μαρουλού
Argiroúpoli Αργυρούπολη
Roustika Ρούστικα
NEKROPOLE
PHALANNA
Armeni Αρμένοι
Prines Πρινές
Goulediana Γουλεδιανά
Lofiá Λοφιά
673
Kastro Κάστρο
2452
Páhnes Πάχνες
Tróharis Τρόχαρης
2401
Zaranokefála Ζαρανοκεφάλα
2140
Amoudari Αμμουδάρι
Kares Καρές
Petres Πέτρες
F. Katre
39
Kali Láki Καλί Λάκι
Askifou Ασκύφου
Imbros Ίμπρος
Moúri Μούρι
Angathes Αγκαθές
1511
KÉNO
Samariá
Faragi Samarias
Φαράγγι Σαμαριάς
Psitistra
1766
Agia Roumeli
Αγία Ρουμέλη
TÁRRA
Agios Ioanis Άγιος Ιωάννης
Άγιος Ιωάννης
ARADIN
Aradena Αράδαινα
Agios Pávlos Άγιος Παύλος
ANOPOLIS
Anópoli Ανώπολι
Livaniana Λιβανιανά
659
Loutro Λουτρό
FINIX
CHÓRA SFAKÍON
Σφακιά
SFAKIA
Miriokéfala Μυριοκέφαλα
Miriokefala Μυριοκέφαλα
Roumbado Ρουμπάδο
Vilandredo Βιλάνδρεδο
Alones Αλώνες
Moní
Asfendos Άσφενδος
Perissináki Περισινάκι
Kallikrátis Καλλικράτης
1085
NOMÓS HANÍON
Krioneritis Κριονερίτης
1312
Agios Vassilios Άγιος Βασίλειος
Agios Ioanis Άγιος Ιωάννης
Kánevos Κάνεβος
Faragi Kotsifoú
Φαράγγι Κοτσιφού
829
984
Mariou Μαριού
Selia Σελλιά
Lefkógia Λευκόγεια
Kourtaliótiko Faragi
Κουρτ Φαράγγι
Xirón Oros Ξηρόν Όρος
Vouvas Βούβας
Nomikiana Νομικιανά
Agios Georgios Άγιος Γεώργιος
Skaloti Σκαλωτή
Ano Rodakino Άνω Ροδάκινο
Kato Rodakino Κάτω Ροδάκινο
Plakias Πλακιάς
Mirthios Μύρθιος
Kakomouri Κακόμουρη
Kalógeros Καλόγερος
Koraka Beach
Stavrós Σταυρός
Moúros Μούρος
Mouros
Vátalos Βάταλος
Vatalos N. Katonision
N. Katonissi
Frangokastello
Φραγγοκάσελλο
Ormos Plaka
Όρμος Πλάκα
Moní Préveli
Μονή Πρέβελη
Kató Moní Préveli
Préveli Πρέβελη
Ormos Agios Roumelis
Όρμος Άγιος Ρουμέλης
Ormos Finikis
Όρμος Φοινικιά
O. Loutrou
Όρμος Λουτρού
Gávdos

1   2   3   4   5   6   7   8

E 75
90
54
6
39
46
77
80
70

CHANIÁ ❶

Der pulsierenden Großstadt (ca. 60 000 Einw.) besonderen Reiz verleiht der Kontrast zwischen Alt und Neu. Sitz mehrerer Fakultäten der Universität von Kreta und Bedeutung als Militärstützpunkt (griechische und Uno-Truppen) sowie als zweites Anflugziel auf der Insel (Charter).

Geschichte: Minoische Funde im Kastélli-Viertel reihen Chaniá unter die ältesten kontinuierlich besiedelten Städte Europas ein. Den auch in griechischer Zeit bedeutenden Hafen nutzten im 9. Jh. die Araber. Im 13. Jh. waren es die Venezianer, die aus Chaniá eine Renaissancemetropole machten. 1645 eroberten die Türken Chaniá als erste kretische Stadt. Als 1898 die europäischen Großmächte die Türken zur Freigabe Kretas zwangen, diente Chaniá bis 1905 als Amtssitz des eingesetzten Hochkommissars Prinz Georg und blieb auch nach dem Anschluss Kretas an Griechenland 1913 Hauptstadt. Bei der Invasion deutscher Luftlandetruppen 1941 war Chaniá stark betroffen, denn in Máleme einige Kilometer westlich lag der wichtigste Flughafen der Insel. Erst 1972 löste Iráklion Chaniá als Inselhauptstadt ab.

Sehenswert: Im Altstadtviertel Kastélli erinnern die alte **Stadtmauer** und die **Minoischen Ausgrabungen** an die Vergangenheit. Vom Hof der **Universität** hat man einen wunderschönen Blick auf die Altstadt und den Hafen. Danach lohnt ein Abstecher ins einst türkische, sehr romantische **Spantzia-Viertel**. Am **Fischer- und Jachthafen** holt einen der Trubel wieder ein. Von den empfehlenswerten Fischtavernen guter Blick auf die alte Hafenmole und die Reste der venezianischen **Arsenale**. Unübersehbar an der Ostseite vom Venezianischen Hafen ist die alte **Janitscharen-Moschee**. Gegenüber auf der Westseite liegt das venezianische **Fort Firkas** (siehe Museen).

Hinter der Festung liegen die Gassen des **Topanás-Viertels** mit Tavernen, Läden, Pensionen. Einer der herausragenden Bauten hier ist der **Renieri-Palast** aus venezianischer Zeit. Ähnlich geschäftig zu geht es im anschließenden, einst jüdischen **Evraiki-Viertel**, das von der **Kathedrale Trimartyri** (1857) beherrscht wird. Eingefasst werden diese beiden Stadtteile von den Resten der venezianischen Festung, deren **Shiavo-Bastion** einen schönen Blick auf die Stadt bietet. Im ehemaligen **Diplomatenviertel** Chalépa (östl. außerhalb der Stadtkarte) klassizistische Villen aus Chaniás Hauptstadtzeit.

Museen: Die alte venezianische Kirche San Francesco (16. Jh.), in dessen Hof ein Reinigungsbrunnen an den türkischen Umbau in eine Moschee erinnert, birgt das **Archäologische Museum**. Die dort gezeigten Funde und Pläne lassen die frühe Geschichte der Stadt anschaulich Revue passieren (Mo. 12.00 bis 19.00, So. 8.00–19.00 Uhr). Das **Nautische Museum** im Fort Firkas informiert über die Geschichte der griechischen Seefahrt (tgl. 10.00–16.00 Uhr).

Einkaufen: Berühmt sind Lederwaren aus der Ledergasse Odos Skridlof. Kretische Spezialitäten und Agarprodukte findet man in der dekorativen Markthalle (1911) an der Platia Venizélou, Kunsthandwerk vor allem im Laden der Chaniá District Association of Traditional Handicrafts, Odos M. Afendoulief (hinter Hafenzollamt). Im Topanás-Viertel und Evraiki-Viertel kann man Silberschmuck kaufen.

Nachtleben: Reges Nachtleben, besonders für junge Leute, rings um die Platia Venizélou und in der Odos Sarpidon.

Veranstaltungen: Gedenktage an den Zweiten Weltkrieg (20.–27. Mai).

ⓘ E.O.T., Odos Kriari 40 (an der Platia 1866), GR-73100 Chaniá, Tel. 2821092943 Fax 2821092624 (Mo.–Fr. 7.30–14.00 Uhr). Filiale am Hafen, Odos Sifaka 22 (Mo.–Fr. 7.30–14.00 Uhr).

HALBINSEL AKROTÍRI ❷–❹

Auf der Halbinsel dient der ehem. Militärflughafen als internationaler Zivilflughafen von Chaniá.

Sehenswert: An der Zufahrtsstraße erinnert am Ostrand der Stadt in traumhafter Lage über der Bucht in einem schönen Park das **Venizélos-Grabmal** an die bedeutenden Politiker Eleíthérios Venizélos (1864–1936) und seinen Sohn Sófoklis (1894–1964). Vor dem im Norden sich aufbauenden Gebirgszug grüßt schon von weitem das prachtvolle **Kloster Agía Triáda** ❷ mit Museum und kleinem Klosterladen (tgl. 7.30–14.00 u. 17.00–19.00 Uhr). Etwas schwerer zugänglich in den Bergen das kleine, aber lohnende **Kloster Gouvernéto** ❸ (tgl. 7.30–12.00 u. 15.00–19.00 Uhr). Über einen steilen Pfad erreicht man das **Kloster Katholikó** mit gotischen Bauresten. In **Stavrós** ❹ mit seinem ›karibischen‹ Strand wurden viele Schlüsselszenen des Films ›Alexis Sorbas‹ gedreht, u. a. die legendäre Schlussszene.

SOUDA ❺

Hafen von Chaniá mit Marinebasen um die geschützte Bucht; Fährhafen von und nach Piräus.

Umgebung: Nahe dem schönen Badeort Kalámi (7 km östl.) die Ruinen von **Áptera** (Di.–So. 8.30–15 Uhr). Reste von Theater, Tempeln, Wohnhäusern, Festung, Kloster zeugen von der Bedeutung des Orts vom 7. Jh. v. Chr. bis in türkische Zeit. Das mächtige Bergmassiv vom Kap Drapano (21 km östl.) mit seinen kurvigen Landstraßen trennt die Bucht von Souda von der Almíra-Bucht.

GEORGIOUPOLIS ❻

Touristenort an der Bucht von Almíra mit endlosen Sandstränden. An der parallel verlaufenden New Road reiht sich kilometerlang Hotelkomplex an Hotelkomplex.

Aktivitäten: Baden; Wassersport.

Umgebung: Malerisch ist der Kournás-See (3 km südl.), beliebt wegen seiner schattigen Tavernen: Vrísses (7 km westl.).

PLAKIÁS ❼

Obwohl der Ort als ›Windloch des Südens‹ gilt, zieht er wegen der malerischen Lage sowie der traumhaften Strände viele Besucher an.

Aktivitäten: Wassersport, z.B. Tauchkurse (Agean Dive Shop, Tel. 0832031206); Bootsausflüge in Badebuchten, Autovermietung (Candia Tours in der Pension ›Lamon‹).

Umgebung: Beliebte (Wander-)Ziele sind Lefkógia (4 km östl.) und Mírthios (4 km nördl.) im bergigen Hinterland. Das Kloster Moní Préveli (10 km östl.) ist ein bedeutendes Wallfahrtsziel, Klosterkirche (1836), kleines Sakralmuseum (tgl. 9.00–19.00 Uhr). Im Tal hinter den Ruinen des im 19. Jh. von Türken zerstörten Vorgängers Káto Moní Préveli (16. Jh.). Von einem Parkplatz in der Nähe des Klosters erreicht man den herrlichen **Strand von Préveli**; Boote von/nach Agía Galíni.

Veranstaltung: Kirchenfest zu Ehren des Ev. Johannes im Kloster Préveli (8. Mai).

CHÓRA SFAKÍON ❽

Der Hauptort der Sfakiá mit Läden, Tavernen, Badebuchten ist ein beliebtes Quartier für Individualreisende. Anlegestelle der Schiffe von Agía Rouméli und Busstation für die Rückfahrt der Samariá-Wanderer.

Aktivitäten: Wandern (ca. 2,5 Std.) durch die Ímbros-Schlucht ab Komitádes (7 km nördl.) oder von Anópolis (12 km westl.) in den Fischerort Loutró (ca. 3 km südl. von dort) u. per Boot zurück; Bootsausflüge.

Umgebung: Frangokastéllo (17 km östl.) mit Tavernen, Shops, Pensionen um das Kastell und die flachen Sandstrände.

Veranstaltung: Gedenkfeier für die in Frangokástello ermordeten Kreter (17. Mai).

ⓘ Infostelle neben Hotel ›Sofia‹, hinter der Hafenpromenade.

Naturnähe mit Südseeflair

Endloser feiner weißer Sandstrand, türkisfarbenes Meer, tiefblauer Himmel und orangerote Sonnenuntergänge am fernen Horizont – das alles klingt sehr nach Südseeromantik und ist dabei im äußersten Westen Kretas zu finden. Doch das ist nur eine Seite der Medaille: Kaum berührte Landschaften mit üppiger Flora und Fauna bieten Wanderfreunden besondere Naturerlebnisse. Auf Schusters Rappen über Hochebenen und durch Täler, bergauf und bergab, lässt sich so ein ganz anderer, noch authentischer und urtümlicher Teil der Insel kennen lernen.

Wandern in unberührter Landschaft – hier von Soúgia nach Lissós.

▲ *Deutscher Soldatenfriedhof in Máleme für 4465 Gefallene*

▲ *Wehrhaft direkt ans Meer gebaut: Kloster Goniás*   ▼ *Ruinen der Hafenstadt Falássarna*

▼ *Kloster Chrissoskalitíssa ...*   ▼ *... mit vielen Votivtafeln ist vor allem Pilgerziel von Touristen*

▼ *Der Schritt des Esels bestimmt den Rhythmus der Zeit*

Die exponierte Lage der Bucht von Chaniá hatte schon immer Begehrlichkeiten erweckt und mehrere fremde Mächte haben von hier aus die Eroberung Kretas in Angriff genommen. Touristisch erwacht Kretas Westen allerdings erst langsam aus dem Dornröschenschlaf.

Die Stimme des Volkes

■ Neben der Landwirtschaft, für die besonders die zahlreichen Treibhäuser und Olivenhaine typisch sind, ist es vor allem der Tourismus, der endlich etwas Wohlstand in eine Region bringt, die lange Zeit von der Entwicklung übersehen wurde. Maßgeblichen Anteil am Aufschwung des Westens hat einer der ›Unbeugsamen‹ aus den Weißen Bergen: Bischof Irineos. Aus einer kinderreichen Bauernfamilie stammend, wurde er in das Kloster Agía Triáda geschickt. Dort begann sein Aufstieg innerhalb der orthodoxen Kirche, die ihn 1958 zum Bischof der Diözese Kastélli Kíssamos, der größten Stadt Nordwest-Kretas, wählte. Er betrachtete sich als die ›Stimme des Volkes‹ und machte sich damit 1943 bei den deutschen Besatzern so unbeliebt, dass sie ihn als angeblichen Kommunisten und Widerständler hinrichten wollten.

Erneuerer und Tabubrecher

■ Bischof Irineos war es, der Kreta in den 1960er-Jahren in eine neue Ära führte und mit althergebrachten Tabus brach. Er schuf Internatsschulen für Mädchen, in denen diese nicht nur eine Schulausbildung erhielten, sondern auch ein Handwerk erlernen konnten. Als Erster kümmerte er sich um Behinderte, und dem drohenden Verlust an Traditionen und Bräuchen wirkte er durch die Gründung von Institutionen entgegen, die kretisches Kunsthandwerk und alte Landbaumethoden vermittelten. Mit Hilfe verschiedener internationaler Organisationen, darunter der deutschen evangelischen Kirche, rief er gleich neben dem Kloster Goniás die Orthodoxe Akademie Kretas ins Leben, die völkerverbindend wirken und als Bildungs- und Ausbildungszentrum für die einheimische Bevölkerung dienen soll. Kongresse, Seminare und Kurse widmen

▲ *Südseegefühle am Sandstrand von Elafonísi* ▼ *Östlich von Paleochóra ...* ▼ *... steigt man zum Baden ins Libysche Meer*

▼ *Abendstimmung am Hafen von Paleochóra*

sich Fragen des modernen Lebens, der ökumenischen Verständigung, aber auch den Problemen des Tourismus.

Bischof Irineos ist ein Mann der Tat – mutig, manchmal auch stur – ein echter Kreter eben. Als am 8.12.1966 ein Fährschiff sank, war er die treibende Kraft bei der Gründung des kretischen Fährunternehmens ANEK, einer AG, an der sich zahlreiche Kreter beteiligten. Während der Fährunglücke im Jahr 2000 bestätigten die ANEK-Fähren ihren Ruf als die sichersten in der Ägäis. ›Hinter mir steht das Volk von Kreta.‹ Mit diesem Satz hat der Bischof schon so manches aussichtslos erscheinende Unternehmen in Angriff genommen – und durchaus erfolgreich abgeschlossen.

Wenn die Erde bebt

Man braucht schon Fantasie, um die am Nordende der Badebucht von Falásarna, auf Klippen zwischen Felsen, Sanddünen und Gestrüpp verborgenen antiken Ruinen als Stadt zu identifizieren. Mächtige Grundmauern und weit verstreute Architekturteile, die von Tempeln, Badeanlagen, Häusern, der Nekropole und der Hafenbefestigung stammen, sind alles, was von der griechisch-römischen Hafenstadt Falasarna übrig geblieben ist. Der Name soll auf die gleichnamige Nymphe zurückgehen, die hier gelebt hat.

Der florierende Ort unterhielt schon in der Frühzeit Handelsbeziehungen bis nach Ägypten. Ein gewaltiges Erdbeben zerstörte schließlich im 4. Jahrhundert nicht nur die Stadt, sondern hob zugleich die gesamte Westküste um gut fünf Meter an, während der Osten um die gleiche Höhe absank.

▲ *Nach anstrengender Wanderung: Pause an der Promenade von Sougia*

Kloster mit ›Goldener Treppe‹

Zu den schönsten Stränden des Westens gehören neben dem von Falásarna der von Elafonísi im äußersten Südwesten der zerklüfteten Küste. Nur wenige Kilometer entfernt thront über der anbrandenden Ägäis das Kloster Chrissoskalítissa – berühmt wegen seiner neunzigstufigen Treppe, die zu dem schmalen Eingang führt. Einer Legende nach soll eine der Stufen aus Gold sein. Daher auch der Name des Klosters, der übersetzt ›Goldene Treppe‹ bedeutet.

▲ Beliebt bei Wanderern ist Kretas Südwestküste

▲ Lissós: römische Grabkammern ...   ▼ ... und hellenistischer Asklepios-Tempel   ▲ Gut sechs Stunden dauert der Marsch durch die Samariá-Schlucht ▶

Allerdings könne nur derjenige, der ohne Sünde ist, sie erkennen. Ob wohl aus diesem Grund so viele Besucher hierher pilgern?

Kretas karibische Strände

Die wilde, teilweise schwer zugängliche Landschaft der Weißen Berge bestimmt besonders im Südwesten Kretas das Leben. Viele Straßen führen nicht dorthin, mancher Ort, wie Agía Rouméli, ist bis heute nur per Schiff erreichbar. Selbst in den malerisch am Meer gelegenen Orten Paleochóra und Sougia, wo mittlerweile eine wenn auch bescheidene touristische Infrastruktur entstanden ist, fühlt man sich noch im ›ursprünglichen‹ Kreta mit engen Gassen, kleinen weißen Häuschen und typisch griechischen Geschäften und Tavernen. Viele der Badebuchten, etwa der traumhafte Strand von Falássarna oder Elafonísi, lassen Südseeflair aufkommen – es fehlen nur die Palmen.

SPECIAL

Trimmpfad Samariá-Schlucht

Die Samariá-Schlucht – wer kennt sie nicht? Europas größte Schlucht liegt inmitten der Weißen Berge und gilt bei den Kretern seit jeher als uneinnehmbares Rückzugsgebiet. In der Tat wurde das kleine Dorf Samariá, auf halbem Weg gelegen, nie von Fremden erobert.

Heute pilgern unzählige Wanderer Sommer für Sommer durch die Samariá-Schlucht, und Naturschützer sprechen bereits vom ›europäischen Trimmpfad‹. Höhepunkt der sechs- bis achtstündigen Wanderung ist die gerade einmal drei bis vier Meter breite Engstelle nahe der Küste. An diesem Ort versteht man erst, wie sich die ›Unbeugsamen‹ immer wieder in den Bergen verschanzen konnten: Nur wenige Männer waren nötig, um diese Enge gegen jedes noch so große Heer zu verteidigen. Und im zerklüfteten Hinterland waren die Ortskundigen in völliger Sicherheit.

Heute haben mehr als 450 Pflanzenarten, über 50 Vogelarten und viele seltene Tiere, wie die Kri-Kri-Wildziegen, im Naturschutzgebiet um die Schlucht ein ideales Rückzugsgebiet gefunden. Dank Umland entspringenden Quellen ist die Vegetation üppig.

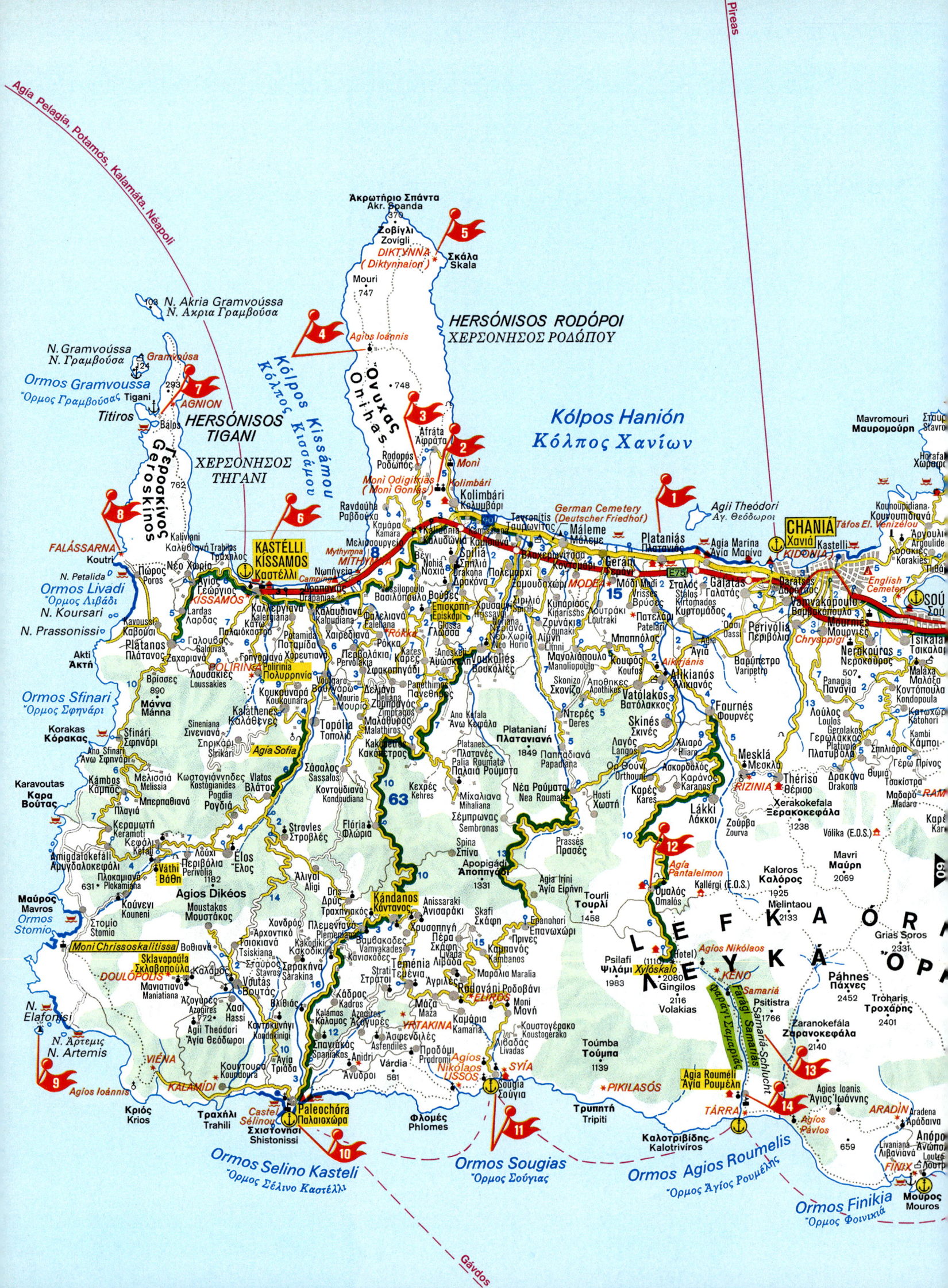

PLATANIÁS

Kleiner Ort mit wenig ausgeprägter touristischer Infrastruktur (zahlreiche Ferienwohnungen und Zimmervermietung) im modernen Ortsteil.

Sehenswert: Der alte Ortsteil auf einem Hügel oberhalb des Strandes hat viel von seinem Charme bewahrt.

Aktivitäten: Wassersport, zumeist veranstaltet von den Hotels; mehrere Diskos, wie ›Portocali‹ (nahe der Gefira-Brücke).

Umgebung: Máleme (7 km westl.) ist ein an sich wenig attraktiver Ort, der während der deutschen Invasion im Zweiten Weltkrieg hart umkämpft war. Auf einem Hügel über dem Ort (ausgeschildert) befindet sich ein deutscher Soldatenfriedhof mit den 4465 Gefallenen, die beim Luftlandeunternehmen vom 20. Mai bis 1. Juni 1941 starben, mit dem die Schlacht um Kreta begann.

HALBINSEL RODOPOU ② – ⑤

Wie ein Bollwerk schirmt die Halbinsel Rodopou (6 km breit und ca. 16 km lang) die Bucht von Chaniá nach Westen ab; Kennzeichen sind spärliche Infrastruktur und dünne Besiedelung.

Sehenswert: Zugangstor und zugleich ein Stück urtümliches Kreta ist Kolimbári am Westende der Bucht von Chaniá. Wenig nördlich liegt das **Kloster Goniás** ②, im frühen 17. Jh. wehrhaft direkt ans Meer gebaut. Trotz mehrfacher Zerstörung und Umbauten konnten viele Kirchenschätze bewahrt werden; sehenswert ist vor allem das Ikonenmuseum (Mo.– Fr./So. 8.00–12.30 u. 16.00 bis 20.00, Sa. 16.00–20.00 Uhr). Nebenan die Orthodoxe Akademie (Mo.–Fr. 9.00 bis 13.00 u. 16.30–20.00 Uhr, Tel. 08240 22245). Der Hauptort **Rodopós** ③ ist bekannt für seine Schmuckmacher und Ausgangspunkt für Tages-Wandertouren zum alten **Kloster Ágios Ioannis Gionis** (Johannes der Täufer) ④ oder zu den Ruinen, vor allem eines Tempels (2. Jh. n. Chr.), des antiken Diktynna ⑤; ansonsten per Boot von Kolimbári aus erreichbar.

Veranstaltungen: Panagia-Fest (Himmelfahrt Marias) im Kloster Goniás (15. Aug.); Wallfahrt von Rodopós nach Ágios Ioannis, danach Taufe und Mittagsmahl (29. Aug.).

KASTÉLLI KÍSSAMOS ⑥

Kleine provinzielle Hafenstadt in der Kíssamos-Bucht. Gelebt wird von der Landwirtschaft; der Tourismus spielt nur eine untergeordnete Rolle.

Sehenswert: Reste der im 8. Jh. v. Chr. gegründeten Stadt Polirinía (6 km südl.): spärliche antike Grundmauern, byzantinische Kirche und Reste aus venezianischer Zeit (Burgmauern).

Einkaufen: Mehrere Läden (vor allem Lebensmittel), u. a. das ›Oinopantopoleio‹ mit lokalen Spezialitäten wie Schnaps, Olivenöl oder Kräutern, in der Odos An. Skalidi.

Aktivitäten: Surfbrett- und Bootsvermietung; Badeausflüge in die einsamen Buchten der westl. Halbinsel Gramvoúsa, z.B. Bálos.

HALBINSEL GRAMVOÚSA ⑦ – ⑧

Wie ein Finger ragt die Halbinsel in die Ägäis hinaus. Sie ist unbewohnt und verfügt über so gut wie keine Infrastruktur. Im Kontrast zur kargen Landschaft bestehen die Badebuchten, vor allem im äußersten Nordwesten, bei Kap Tigani.

Geschichte: Der Bucht von Bálos vorgelagert (1 km) ist die Insel Gramvoúsa, einst wichtige strategische Bastion mit mächtiger venezianischer Festung, die erst 1715 freiwillig aufgegeben wurde. Bis ins 19. Jh. hinein fungierte sie als Piraten-Stützpunkt.

Aktivitäten: Wanderwege von Kalivianí (7 km westl. von Kastélli Kíssamos) in die Bucht von **Bálos** ⑦ mit empfehlenswertem Strand (per Boot s. Kastélli Kíssamos).

Umgebung: Falássarna ⑧, westlicher Zugangsort zur Halbinsel, und sein Umland prägen intensive Landwirtschaft. Die Stadt ist wegen der feinsandigen Bucht beliebtes Badeziel.

ELAFONÍSI ⑨

Kretas ›Südseestrand‹ mit allen Service-Einrichtungen und entsprechend überlaufen.

Umgebung: Noch heute von einigen wenigen Mönchen bewohnt wird das **Kloster Chrissoskalítissa** (5 km nördl.) mit kleinem Museum (tgl. 9.00–12.00 u. 15.00–17.00 Uhr).

Veranstaltung: Panagia-Fest im Kloster Chrissoskalítissa (15. Aug.).

PALEOCHÓRA ⑩

Hafenstadt fast an der Südwestecke der Insel (Fährverbindungen nach Soúgia, Agía Rouméli und Chora Sfakíon). Wachsendes Touristenzentrum mit zahlreichen Pensionen und Tavernen.

Sehenswert: Kastell Selínou (13. Jh.).

Aktivitäten: Kilometerlange Sandstrände im Umkreis, empfehlenswert vor allem im Westen; Windsurf Club Paleochóra Crete; Badeboote zu den Stränden von Elafonísi (westl.) und *Anídri* (östl.); Ausflugsschiffe nach Gávdos (37 km südöstl., außerh. der Karte), Europas südlichster Insel (35 qkm).

Veranstaltung: Musikfestival (Anf. Aug.).

ⓘ Rathaus, Hauptplatz, GR-73001 Paleochóra, Tel. 282304150; Travel & Tourism (u. a. Zimmervermittlung, Schiffstickets, Zweiradverleih), Hauptstraße, Tel. 0823041700, Fax 28230441410.

SOUGIA ⑪

Erholsamer, ruhiger, beschaulicher Ferienort mit touristischen Einrichtungen, in schöner Lage an geschwungener Bucht am Libyschen Meer vor der Kulisse steiler Berghänge.

Aktivitäten: Am Ort führen Wanderwege vorbei, östlich über Agía Rouméli nach Chóra Sfakíon, westlich über Lissós nach Paleochóra; Kiesstrände in Stadtnähe (auch FKK); Badeausflüge möglich (Tickets im Info-Kiosk).

Umgebung: In Lissós (ca. 1,5 km westl.) mit einladender Badebucht Reste einer antiken Hafenstadt: Asklepios-Tempel mit sehenswerten Mosaiken, Quelle und kleine Kapelle.

ⓘ Kleiner Infokiosk am Strand.

SAMARIÁ-SCHLUCHT ⑫ – ⑬

 Von Chaniá führt eine gut ausgebaute Straße in die Weißen Berge und auf die Omalós-Hochebene (1080–1200 m).

Aktivitäten: Das kleine **Omalós** ⑫ ist Versorgungszentrum und Standquartier für Wanderer. Ca. 6 km südl. startet der Marsch durch die **Samariá-Schlucht** ⑬, Teil des Naturparks Weiße Berge, 18 km lang und bis 600 m tief, engste Stelle nur 3–4 m. Die rund 15 km lange Wanderung durch die Schlucht vom Ausgangspunkt zum Hafenstädtchen Agía Rouméli (von dort Boote nach Chóra Sfakíon) kann von Mai bis Oktober gemacht werden, wobei entsprechende Kleidung, Schuhe, Wasservorräte und gute Kondition nötig sind. Verschiedene Hotels und Reiseveranstalter bieten eine ›Lightversion‹ von Agía Rouméli zur Engstelle und zurück. Weitere Wanderungen im Umkreis von Omalós möglich, z.B. auf den Gingilos (2080 m). Infos zu Route und Wetter am Ticketschalter am Schluchtzugang; Park- und Rastplatz.

AGÍA ROUMÉLI ⑭

Der Küstenort hat keine Straßenanbindung. Er lebt mit zahlreichen Tavernen und Läden vom Tagestourismus der Samariá-Wanderer.

Geschichte: Wurzeln in der dorischen Stadt Tarra und wichtiger Stützpunkt im kretischen Widerstandskampf.

Aktivitäten: Baden (Kiesstrände); Fähren/Bootsausflüge nach Loutró und weiter nach Chóra Sfakíon im Osten, Sougia und Paleochóra im Westen; Wanderungen entlang der Südküste, z.B. nach Chóra Sfakíon.

Veranstaltung: Panagia-Fest (15. Aug.).

Maßstab 1:250.000

12,5 km
10
7,5
5
2,5
0

Kretas Schatzhaus

Wandert man am Morgen noch weitgehend ungestört durch die Ruinen der minoischen Palaststadt Festós, glaubt man, sogar das Wiehern des Rappen zu hören, der Anfang des 20. Jahrhunderts den Südtiroler Federico Halbherr jeden Tag zu seiner Ausgrabung brachte.

Unterhalb liegt die rund 40 Kilometer lange und bis zu zwölf Kilometer breite fruchtbare Messará-Ebene, seit Urzeiten die ›Kornkammer‹ der Insel.

Die Ruinen des minoischen Palastes Festós sind die Hauptattraktion der Messará-Ebene.

▲ *Kretas Kornkammer: Messará-Ebene*   ▼ *Ausgezeichnet: das Ethnologische Museum in Vóri*

▲ *Roúvas-Schlucht: Gewöhnliche Schlangenwurz*

▲ *Drei Nonnen bewohnen das Kloster Ágios Nikólaos bei Áno Zarós im Süden des Ída-Gebirges*

▲ *Gut behütet sind die Fresken und Ikonen im Kloster Vrondísi* ▼ *Forellensee Limni Votomou*

Die Messará-Ebene schiebt sich von der gleichnamigen Bucht mit ihren herrlichen Sandstränden ostwärts zwischen Ída-Gebirge und Asteroúsia-Bergen bis hin zum Díkti-Massiv. Dank der geschützten Lage, dem reichlichen Wasser aus den Bergen und der fruchtbaren Böden ist die Ebene wie geschaffen für den Landbau – und das seit minoischer Zeit. Gemüse und Obst, sogar tropische Früchte wie Bananen und Ananas, Kaffee, Getreide und natürlich Olivenbäume gedeihen hier.

> **SPECIAL**
>
> ### Traditionen und Bräuche
>
> Vóri, den kleinen Ort im Nordwesten der Messará-Ebene abseits der Durchgangsstraße, übersieht man gerne. Ein Fehler: Denn hier befindet sich mit dem Ethnologischen Museum eine der herausragenden Sammlungen Kretas, 1992 sogar als ›bestes Museum Europas‹ ausgezeichnet. In einem renovierten venezianischen Gutshaus werden Traditionen und Bräuche der Kreter eindrucksvoll präsentiert: Keramikherstellung, Korbflechterei und andere kunsthandwerkliche Techniken und Produkte können nach regionalen, chronologischen und technischen Gesichtspunkten studiert werden, ebenso Aspekte der Landwirtschaft, des Handwerks und des Alltagsleben. Das Museum ist Teil eines Komplexes, der als Kultur- und Veranstaltungszentrum dient.
>
> Einmal im Hinterland, führt ein Abstecher nach Áno Zarós am Südhang des Ída-Gebirges. In diesem kleinen Bergdorf begann ein gewiefter Kreter in einem kleinen Bergsee eine Forellenzucht. Vom Erfolg der Sache kann man sich in den lokalen Tavernen überzeugen. Stärkung für den Besuch der nahen Klöster Moní Vrondísi und Moní Ágios Nikólaos.

Festós – Ordnung im Gewirr

Eher ratlos stehen die meisten Besucher vor den Ruinen der Minoer-Stätten Festós und Agía Triáda. Auch wenn kundige Führer versuchen, Ordnung in die so genannten Paläste zu bringen und Platzanlagen oder königliche Gemächer zu benennen und zu deuten, lässt das Gewirr der Mauerreste und Gassen, der verschachtelten Räume und großen Magazine viele

▲ Blick über das Ruinenfeld der minoischen Palaststadt Festós – ohne bunte Rekonstruktionen wie in Knossós

▲ Die Magazine von Festós waren einst prall gefüllt ▼ Vorratsgefäße in Agía Triáda ▲ Hieroglyphen auf dem Diskos von Festós

Fragen offen. Wie lebten diese Minoer denn wirklich?

Prachtvoll muss Festós einst gewesen sein, das auf einem die Messará-Ebene überragenden Hügel liegt. Dass es sich auch bei diesen beeindruckenden Ruinen um eine ganze Stadt handelte und nicht um einen Einzelpalast, belegen allein die Dimensionen. Im Herzen minoischer Städte befand sich immer ein zentraler Baukomplex, in dem die Machthaber der Stadt ein luxuriöses Dasein führten, wo sich das gesellschaftliche und kultische Leben abspielte und auch das Handelszentrum lag. In Festós gruppieren sich daher um den Großen Hof Alter und Neuer Palast, Magazine, Werkstätten und Archive, Bäder und Privatgemächer.

Agía Triáda: Teil von Festós?

◼ In welcher Verbindung die ›Palaststadt‹ mit dem nur wenige Kilometer westlich liegenden Agía Triáda stand, ist bis heute unklar. War Letzteres die ›Schatzkammer‹ von Festós, wie Funde, darunter ein Archiv von über 200 Schrifttafeln, andeuten, oder war es das eigentliche politische und wirtschaftliche Zentrum der Ebene und Sitz von hohen Würdenträgern, während der religiöse Mittelpunkt und die eigentliche Königsvilla in Festós zu suchen sind? Man weiß es nicht, doch nach jüngsten Vermutungen waren Festós und Agía Triáda keine zwei minoischen Machtzentren, sondern eine Einheit – als Gegenpol zu Knossós.

Römer auf Kreta

◼ Verirren sich schon nach Agía Triáda nur wenige, besucht die Ruinen der griechisch-römischen Metropole Górtis kaum jemand. Dabei liegt Górtis direkt am Weg von der Nordküste nach Festós und zum Badestrand von Mátala. Schon von fern sieht man die dominante spätantike Titusbasilika, die umgeben ist von mehr oder weniger gut erhaltenen Bauten: das Odeion, das griechische Theater, ferner die Reste eines Amphitheaters, das Stadion, Heiligtümer und die spärlichen Überreste römischer Verwaltungsbauten sowie der Thermenanlagen. All diese Ruinen lassen die einstige Pracht, das Ausmaß und die herausragende Stellung der Stadt in römischer Zeit nur erahnen.

▲ Das Odeion von Górtis   ▼ Reste des römischen Statthalterpalastes von Górtis

MOUSSAKA 1300
GEFFULTE TOMATEN 1100
OFFENER WEIN 0,5L 600
BIERE IN FLASCHEN 0,5L 500
BIER VOM FASS 0,5L 500
ERFRISCHUNGSGETRANKE
EISTEE 500
GRIECHISCHER KAFFEE 300
NES KAFFEE 400
CAPUCCINO 600
ESPRESSO 400
EIS KAFFEE 400
EIS KAFFEE EISKREM

▼ *Einladende Tavernen gibt es reichlich in Agía Galíni, ...*

▲ *Mátala: Scotty ist der letzte der einst zahlreichen Hippies, ...*   ▼ *... die in den Höhlen am Strand lebten und die Zivilisation gegen Freiheit eintauschten*

▲ *... das seinen Hafen umschließt, ...*   ▼ *... durchschnitten von engen Gassen und Treppen*

Schon in minoischer Zeit ein bedeutender Ort, machten ihn die Römer im 1. Jahrhundert v. Chr. sogar zur Hauptstadt ihrer Provinz ›Creta et Cyrenae‹. Wer außer auf der Agora, dem Hauptareal, in den Olivenbaumhainen östlich der Durchgangsstraße auf Spurensuche geht, wird die Größe der Metropole zumindest vermuten. Schon Apostel Paulus muss so beeindruckt gewesen sein, dass er 59 n. Chr. seinen Begleiter Titus hier als ersten Bischof zurückließ, um die Insel und vor allem die Kreter – ›Lügner zumeist, wilde Tiere und faule Bäuche‹, wie er es ausdrückte – zu bekehren.

Wenn die Touristen kommen

Am Strand von Mátala soll einst Zeus mit einer seiner Geliebten, der orientalischen Königstochter Europa, an Land gegangen sein und vergnügte Stunden verbracht haben. Diesen alten Mythos kannten die meisten der in den 1960er-Jahren in Scharen herbeiströmenden Aussteiger wohl gar nicht. Trotzdem hatte es ihnen die abgeschiedene Bucht angetan – auf einer Seite ein kleines Fischerdorf, auf der anderen Sandfelsen, in deren Höhlen man es sich billig bequem machen konnte.

Zunächst beäugten die Kreter die oft splitternackt herumlaufenden Nordeuropäer skeptisch, dann begann man, die Fremden zu bewirten und Zimmer an sie zu vermieten. Den Hippies folgten jugendliche Rucksackreisende.

Inzwischen hat sich die Klientel erneut geändert, die Individualreisenden sind älter geworden und wünschen mehr Luxus, auch stehen die Felshöhlen inzwischen unter Denkmalschutz, um sie vor weiterem Vandalismus zu schützen. Der Badetagestourismus blüht, und es dürfte nur noch ein kleiner Schritt sein zur letzten Station der touristischen Entwicklung, den Pauschalreisenden.

Lange Zeit ein Geheimtipp an der kretischen Südküste war Agía Galíni am Nordende der Messará-Bucht. Auch wenn dies längst nicht mehr der Fall ist, hat die kleine Hafenstadt ihren Charme bewahrt. Die Besucher wohnen in Privatunterkünften oder unauffälligen kleinen Hotels, und die zahllosen Tavernen und Souvenirläden ordnen sich dem kleinstädtischen Idyll unter.

AGÍA GALÍNI ①

Touristenzentrum, 1884 als Fischerdorf gegründet, an der Bucht von Messará. Am Hafen Tavernen und kleine Pensionen, im oberen Ortsteil größere Hotels und Versorgungseinrichtungen.

Verkehr: Gute Straßen nach Réthimnon und Iráklion, zudem Busse (mehrmals tgl.) in beide Städte. Überlandbushaltestelle am Hauptplatz, an der zum Hafen führenden Straße. Idealer Ausgangspunkt für Ausflüge.

Einkaufen: In den drei Gassen, die vom Hafen den Berghang hinaufführen, reihen sich Läden, Tavernen, Cafés, Pensionen aneinander. Eine Spezialität sind Olivenholzartikel.

Aktivitäten: Badeausflüge (tgl.) in die schön gelegenen Buchten ringsum (im Westen bis Préveli, im Osten bis Mátala).

ⓘ Infostand im Hafengebäude (Saison).

MÁTALA ②

Kleiner Ort im äußersten Westen der Messará-Ebene mit einer zwischen Sandsteinschollen eingebetteten großen Badebucht und touristischer Infrastruktur. Parken kann im Sommer problematisch werden: nur am Ortseingang gratis.

Sehenswert: Die berühmten Sandsteinhöhlen am Strand stehen unter Schutz, können aber besichtigt werden (tgl. 8.00–15.00 Uhr, im Sommer länger).

Aktivitäten: Am Badestrand direkt am Ort Liegestühle, Sonnenschirme, Duschen, Tretboot- und Surfbrettverleih. Weniger überlaufen sind die Strände Komo Beach, Red Beach und Kokkino Beach. Bars, Diskos.

Umgebung: Kommós (ca. 3 km nördl.), minoische Hafenstadt (abgesperrte Ausgrabung) u. Strand, wo die seltenen Meerschildkröten Caretta caretta, von freiwilligen Tierschützern bewacht, Eier ablegen.

ⓘ Info-Stand, Parkplatz hinter dem Strand.

AGÍA TRIÁDA ③

Der zweite bedeutende minoische Ort in der Messará-Ebene neben Festós.

Ausgrabung: Herrschaftsbereich u. Wohnstadt mit Agora und Markthalle. Hervorzuheben: die Straße, die die Stadt mit dem Hafen verband, sowie ein Stück der alten Wasserleitung. Der Einbau eines Megarons (langrechteckiger Haustyp) belegt die Machtübernahme durch die Mykener im 13. Jh. v. Chr. (tgl. 8.30–15.00Uhr).

FESTÓS ④

Die nach Knossós zweitwichtigste archäologische Stätte der Insel ist herrlich auf einem Höhenrücken in der Messará-Ebene gelegen; großer Parkplatz, Bushaltestelle, Cafeteria. Der Museumsladen bietet auch Informationen zum Umland und anderen Ausgrabungsstätten, Souvenirs, Bücher und lokale Produkte.

Geschichte: Die minoische Siedlung wurde Anfang des 20. Jh. von dem Italiener Federico Halbherr ausgegraben und nur wenig rekonstruiert. Auch in griechischer Frühzeit scheint der Hügel besiedelt gewesen zu sein, ehe Górtis den Ort als Zentrum ablöste.

Ausgrabung: Zugang über die antike Schautreppe. Durch Propylon (Torbau) und Lichthof erreicht man den ›Neuen Palast‹ (um 1450 v. Chr. zerstört) und den Zentralhof. Vom Vorgänger, dem ›Alten Palast‹ (um 1700 v. Chr. durch Erdbeben zerstört), haben sich nur Reste der Magazinräume erhalten. Im Westtrakt des neuen Komplexes befinden sich vor allem Magazine und Werkstätten, im Osten und Norden Wohn- und Repräsentationsräume. Diese Bereiche gingen in die Wohnstadt über (tgl. 8.00–19.00 Uhr).

Umgebung: Das Dorf Vóri (4 km nördl.) verfügt über ein ausgezeichnetes Ethnologisches Museum (tgl. 10.00–18.00 Uhr).

MIRÉS ⑤

Der größte Ort in der Messará-Ebene ist ein untouristisches Versorgungs- und Verwaltungszentrum und zugleich Nahverkehrsknotenpunkt.

Markt: Großer, vielbesuchter Markt am Samstag (Lebensmittel, Kleidung, Handarbeiten, Haushaltwaren u. a.).

Aktivitäten: Günstiger Standpunkt für Ausflüge bzw. Wanderungen zum Kloster Kalivianí, nach Festós und Agía Triáda.

Einkaufen: Hochwertige Handarbeiten im Kloster Kaliviani (3 km östl.) mit angeschlossener Handarbeitsschule.

GÓRTIS ⑥

Der schon in minoischer Zeit blühende Ort in der Messará-Ebene wurde zur Römerzeit (69 v. Chr.) Hauptstadt Kretas. Apostel Paulus setzte hier Titus als Bischof ein, der die Insel christianisierte. 824 zerstörten die Sarazenen Gortís.

Ausgrabungen: Der Rundgang beginnt bei Titusbasilika (6. Jh. n. Chr.) und Agora-Bereich. Aus dem Odeion (1. Jh. v. Chr.) stammen Inschriftentafeln, die schon im 5. Jh. v. Chr. das Stadtrecht von Górtis festhielten; es gilt als ältestes juristisches Dokument Europas. Zu Füßen der Akropolis, mit Resten einer venezianischen Festung, liegt das in den Berghang eingebaute griechische Theater und auch ein Museum (tgl. 8.00–17.00 Uhr). Hier im südlichen Olivenhain befindet sich der größere Teil der antiken Stadt: Amphitheater, Stadion, Thermen, Villen, Gräberfeld, Heiligtümer, römische Verwaltungsbauten.

Einkaufen: Keramik und Olivenöl vom Töpferhof Nazim und Wolfgang Zieger im Weiler *Mitrópolis* (direkt südl. der Ruinen). Das Agrarzentrum *Agíi Déka* (1 km östl.) an der Kreuzung der Straße von Iráklion und der Ost-West-Hauptroute, ist als Ort wenig reizvoll, hat aber eine besondere Geschichte: In dem vormaligen Bischofssitz sollen im Jahr 250 zehn kretische Bischöfe der Christenverfolgung zum Opfer gefallen sein. Eine 1927 erbaute Kirche erinnert an die Märtyrer und beherbergt angeblich ihre Gebeine.

ÁNO ZARÓS ⑦

Das Dorf an der Südflanke des Ída-Gebirges am Fuß der Roúvas-Schlucht ist bekannt für seinen Wasserreichtum (Quellen), sein angenehmes Klima und die Forellenzucht. Die in den Tavernen, z.B. ›Votomos‹, zubereiteten Fische haben den Ort bei Feinschmeckern bekannt gemacht.

Umgebung: Einfach ist die Wanderung durch die beeindruckende Roúvas-Schlucht (9 km, ca. 4,5 Std. hin und zurück) auf gutem Weg (markiert mit roten Punkten), teilweise etwas steil, mit Rastplätzen. Ausgangspunkt ist der ›Bergsee‹ im Ort. Erste Station ist das Frauenkloster Ágios Nikólaos (2 km nördl.) mit sehenswerten Fresken (14./15. Jh.) in der kleinen Kapelle. Hinter einer Wasserstelle gabelt sich der Weg, südöstlich führt er zur Eremitenhöhle, nördlich in die Schlucht. Kloster Vrondísi (4 km nordwestl.) am Südhang des Ída-Gebirges stammt aus dem 17. Jh., geht aber auf eine Gründung des 14. Jh. zurück. Berühmt ist das Kloster mit Kirche und einfacher Kapelle für seine Ikonen und Fresken aus dem 14. Jh.

KAMÁRES ⑧

Kleines Bergdorf an den südlichen Ausläufern des Ída-Gebirges, in dem vor allem Wanderer ihr Standquartier aufschlagen.

Geschichte: Die nahe Kamáres-Höhle war ehemals eine bedeutende Kulthöhle der Minoer. In ihr wurde erstmals eine spezielle grau-schwarzgrundige Keramik mit großformatiger weißer und roter Ornamentik gefunden, die so genannten Kamáres-Vasen.

Aktivitäten: Wanderungen, z. B. zu der 1500 m hoch gelegenen Kamáres-Höhle (ca. 12 km hin und zurück, rund 7–8 Std., toller Ausblick). Anspruchsvollere Bergtouren zur Zeushöhle Idéon Ándron auf der Nída-Hochebene (ca. 20 km) oder zum Psilorítis (ca. 25 km, nur organisiert empfehlenswert).

Maßstab 1:250.000

12,5km
10
7,5
5
2,5
0

Urlaubsspaß rund um die Uhr

Nirgendwo prallen Vergangenheit und Moderne auf Kreta so hart aufeinander wie in der Region zwischen Iráklion und Ágios Nikólaos, Hafenstadt und Verwaltungszentrum Ostkretas. Während sich an den Stränden die Urlauber tummeln, scheint auf der Lassíthi-Hochebene oder in Bergdörfern die Zeit stehen geblieben zu sein. Und während die Ruinenstädte Gourniá oder Lató an eine längst versunkene Welt erinnern, versucht das Lychnostátis-Museum von Limín Chersónisou die Traditionen wach zu halten.

Hinter der reizvollen Küste von Limín Chersónisou pulsiert das Leben – Tag und Nacht.

▲ *Limín Chersónisou entwickelte sich vom fast verlassenen Fischerdorf zu einer der Ferienhochburgen Kretas*

▲ *Limín Chersónisou: Spaß im Water Park Star Beach*

▲ *Lautes Vergnügen: Water-Scooter bei Limín Chersónisou*   ▼ *Taverne bei Agía Paraskévi*

▲ *Action in Limín Chersónisou: Bungee-Springen ...* ▼ *... und die Bars der Hafenpromenade*

Der schmale Streifen an der Nordost-küste der Insel, der gleich östlich des Flughafens von Iráklion beginnt und sich bis zur Mirambéllou-Bucht er-streckt, ist das ausgemachte Ziel der meisten Kretatouristen. Nur ein Felsmas-siv, das sich zwischen Mália und Eloúnda in die Ägäis vorschiebt, unterbricht das perfekt erschlossene Erholungsgebiet. Doch schon wenige Kilometer entfernt von Hotelkomplexen, Badestränden, Souvenir-shops, Supermärkten, Vergnügungsparks, Tavernen, Bars und Diskos kann man sie wieder finden – die ruhigen und beschau-lichen Oasen des alten Kreta.

24 Stunden Spaß

Zugegeben, die beiden Küstenorte Limín Chersónisou und Mália, 40 bis 60 Kilometer östlich von Iráklion und dank der ausgebauten New Road schnell erreich-bar, sind mit den großen Spaßzentren etwa auf Mallorca kaum vergleichbar. Doch in der Hochsaison geht auch hier die Post ab. An der kleinen Hafenpromenade von Limín Chersónisou beziehungsweise an der Zufahrtsstraße zum Strand von Mália reiht sich eine Bar, eine Disko, eine Szenekneipe an die andere – hier wird gefeiert bis zum Morgengrauen. Tagsüber erholt man sich dann am Strand von den nächtlichen Abenteuern. Wer in seinem Urlaub Ruhe sucht, sollte deshalb besser in ein Quartier abseits dieser beiden ›Hot-spots‹ ziehen.

Kein gewöhnliches Museum

›Wir sind kein gewöhnliches Museum.‹ Yiannis Markakis, Direktor und Sohn des Gründers des Lychnostátis-Museum, er-läutert stolz das ungewöhnliche Konzept des Freilichtmuseums am Rand der Touris-tenhochburg Limín Chersónisou. Ziel sei es, den Traditionen und Bräuchen Kretas eine Stimme zu geben, bei Einheimischen wie Besuchern Kulturbewusstsein und Interesse zu wecken. In einem original-getreu nachgebauten Gutshof werden Gegenstände aus dem täglichen Leben, aber auch Kunsthandwerk gezeigt. Ver-schiedene Gebäude, wie eine Hirtenhütte, eine Mühle oder eine Ölpresse, Gärten und Gerätschaften, erinnern auf dem Gelände an das frühere ländliche Leben auf der

▲ Sonnenbad vor göttlicher Kulisse am Strand von Mália   ▼ Bei einem Besuch des Lychnostásis-Museums in Limín Chersónisou ...

▲ *Die Bananen aus Mália gehören zu den Besten*　▼ *Málias Strandstraße*

▼ *... wird das traditionelle kretische Leben sehr anschaulich*

Insel. Im Museum finden Feste statt, etwa die vielbesuchten Weinfeste im Herbst. Zudem werden im Museum auch Wein und Rakí produziert, und es finden traditionelle Musikveranstaltungen und Dichterlesungen statt.

Anfangs waren die Kreter skeptisch. Doch Markakis hat es geschafft, das Museum zum kulturellen Zentrum und zur Besucherattraktion zu machen. Die angebotenen Touren empfehlen sich ebenso wie die Pause hinterher in der Cafeteria, wo es typisch kretische Produkte gibt

SPECIAL

Minoerpalast Mália

Abseits jeglichen Urlaubsrummels liegen östlich von Mália die Reste der gleichnamigen minoischen ›Palaststadt‹. Nach antikem Mythos soll hier einer der Brüder von König Minos, Sarpedon, residiert haben. Seit fast hundert Jahren betreut die ›École Archéologique Française d'Athènes‹ die Ausgrabungen nahe dem langen Strand von Mália. Dabei haben die Franzosen, anders als Sir Arthur Evans in Knossós, Wert darauf gelegt, das Ergrabene möglichst in seinem archäologischen Urzustand zu belassen.
Auch wenn Mália selbst in ruinösem Zustand noch beeindruckt, deuten Architektur und Funde an, dass dieser drittgrößte minoische Palast insgesamt weniger prachtvoll ausgestattet war als Knossós und Festós.

Wo Zeus überlebte

Südwestlich des geschäftigen Mália schraubt sich eine Straße die steil aufragenden Berghänge hinauf. Dahinter eröffnet sich dem Besucher abseits von Trubel eine andere Welt: Vorbei an ruhigen Dörfern und Klöstern, wie Moní Kardiótissa, durch Olivenbaumhaine und über spärlich bewachsene Berghänge erreicht man den Ambélos-Pass, der zur Lassíthi-Hochebene führt. Die abgeschiedene Hochebene, eingebettet in die eindrucksvolle Kulisse des schneebedeckten Díkti-Bergmassivs, war nicht nur Kornkammer. Sie war auch Rückzugsgebiet von Widerständlern, weshalb sowohl Venezianer wie Türken hier oben mehrmals alles dem Erdboden gleich machten. Bereits in der Anti-

▲ *Reste alter Windmühlen am Ambélos-Pass, ...*　▼ *... Weinbauer bei Mochós*

▲ *Die wundertätige Marienikone des Klosters Kardiótissa*

▲ *Aus Bruchsteinen: die über 600 Jahre alte Kirche des Nonnenklosters Moní Kardiótissa bei Kerá*

▲ *Auf der Lassíthi-Hochebene ist Hektik ein Fremdwort, ...*   ▼ *... und Schafzucht ist immer Arbeit*

ke spielte die Ebene eine wichtige Rolle: In der Diktäischen Höhle (Diktéon Ándron), an ihrem östlichen Rand nahe dem Ort Psichró, soll Göttervater Zeus das Licht der Welt erblickt haben. Es gibt noch eine Reihe weiterer Höhlen, von denen ähnliches behauptet wird. Einhellig berichten die antiken Legenden jedoch, dass Zeus hier seine Kindheit verbracht haben soll, versteckt vor seinem Vater Kronos, dem geweissagt worden war, dass einer seiner Nachkommen ihn vom Thron stürzen werde. So verschlang dieser jedes seiner neugeborenen Kinder. Seiner Gemahlin Rhea gelang es jedoch, den kleinen Zeus in Sicherheit zu bringen. Später sollte sich das Orakel bewahrheiten: Erwachsen, verjagte Zeus seinen Vater vom Thron.

Fruchtbares Agrarland

◼ Neben der mythologischen Bedeutung hat die Lassíthi-Hochebene für die Kreter auch einen ganz weltlichen Nutzen: Sie war und ist ein bedeutendes Agrarzentrum. An vergangene Zeiten erinnern die Windmühlen. Ihre weißen Segel zierten einst die Landschaft. Jetzt sind nur noch mehr oder weniger umfangreiche Baureste erhalten. Die Windmühlen holten einst mittels Windkraft das Grundwasser tief aus dem Boden, heute sind an ihre Stelle elektrische Pumpen getreten. Regen- und Schmelzwasser aus den schneebedeckten Bergen des Díkti-Massivs lassen im Frühjahr einen riesigen unterirdischen See entstehen. Dank einer tief darunter liegenden Kalksteinschicht wird das Wasser lange gespeichert und steht so im trockenen Sommer zur Bewässerung der Felder und Obstplantagen zur Verfügung.

Treffpunkt Kafeníon

◼ Ein Kafeníon hat mit einem Café im gebräuchlichen Sinn nur wenig gemeinsam. Das Kafeníon ist unspektakulär, schlichte Holztische und -stühle im Saal oder auf dem Platz davor, ohne Speisekarte und mit spezifischem Publikum: Hier treffen sich die älteren Männer, um bei griechischem Kaffee und einem Glas Wasser stundenlang über Sport oder Politik zu diskutieren, oder um Karten oder Tavli, ein dem Backgammon verwandtes Brettspiel, zu spielen.

▲ Die Bucht von Eloúnda ist bekannt für ihre Luxushotels – hier mit traumhaftem Golfplatz

▼ Strandidyll mitten im geschäftigen Ágios Nikólaos

▲ Vor der Nordspitze der Halbinsel Spinalónga liegt die frühere Leprainsel, Kalídón genannt

▼ Ruhiger Platz am Ufer der Mirambéllou-Bucht: Pachiá Ámmos

▲ *Hafenansichten: Eloúnda ...*   ▼ *... und Ágios Nikólaos am Westufer der Mirambéllou-Bucht*

Die jungen Kreter gehen lieber in die schickeren Snackbars oder Cafés, treffen dort Freunde wie Freundinnen, bestellen internationale Speisen und hören laute Popmusik. Im Bergland allerdings sucht der Reisende diese modernen Cafés vergebens.

Unergründliche Tiefe

Umgeben von Bergen und kleinen Buchten beschreibt der Golf von Mirambéllon einen weiten Bogen vom Nobel-Urlaubsort Eloúnda und Spinalónga im Norden bis hin nach Móchlos ganz im Osten. Im Zentrum der in allen Blau- und Grüntönen schimmernden Bucht steht die Hafenstadt Ágios Nikólaos, eine geschäftige, typische griechische Stadt, die sich vom provinziellen Agrarzentrum zu einer ansehnlichen Stadt gemausert hat.

Hauptattraktion ist neben dem kleinen Archäologischen Museum der Voulisméni-See, mitten im Zentrum von Ágios Nikólaos. Ursprünglich ein reiner Süßwassersee, gespeist von unterirdischen Quellen, wurde er von den Türken 1871 durch einen Kanal mit dem Hafen verbunden. Um den unheimlichen türkisgrünen See, dessen Tiefe angeblich niemand kennt, ranken sich zahllose Legenden: So sollen deutsche Soldaten im Zweiten Weltkrieg hier Panzer versenkt haben, ein Lkw verschwunden oder nach dem letzten Seebeben bei Santorín tote Hochseefische aufgetaucht sein.

Die Insel der Aussätzigen

Beinahe unheimlich ist Spinalónga in der kleinen Nebenbucht von Eloúnda. Komfort wie heute genossen die letzten Bewohner des Eilands freilich nicht. Einst eine uneinnehmbare venezianische Festung, die erst 1714 kampflos aufgegeben wurde und in den Besitz der Türken gelangte, diente Spinalónga von 1903 bis 1957 als Quarantänestation für Leprakranke aus ganz Griechenland. Auf der 200 mal 400 Meter großen Insel entstand, da die Krankheit meist erst nach Jahren ausbrach, nach und nach eine eigene kleine Stadt mit Kirchen und Läden, Werkstätten und Häusern. Erst als in den 1950er-Jahren ein Impfstoff gefunden wurde, der die Krankheit heilen konnte, wurde die Leprastadt aufgegeben.

▲ *Außergewöhnliche Gefäße: Ágios Nikólaos' Archäologisches Museum*　　▲ *Die Reste der antiken Stadt Lató*　　▼ *Panagía Kerá vor Kritsá*

Zwei Welten

━━ Die griechisch-antike Stadt Lató, ein paar Kilometer oberhalb der Panagía Kerá, gibt mit Terrassen rund um die zentrale Agora und der dominierenden Akropolis ein Exempel dorischer Stadtplanung. Die Ausgrabung besticht durch ihre Lage und ist so angenehm ruhig, dass man gern ein wenig länger bleibt, ehe man nach Kritsá weiterfährt. Dieser Ort wurde durch die Verfilmung von Níkos Kazantzákis' Roman ›Griechische Passion‹ zum Symbol kretischen Dorfidylls. Anders als in vielen Bergdörfern entschlossen sich die Bewohner hier, ihren Ort publikumswirksam zu vermarkten: Man putzte ihn heraus, schuf eine gewisse Infrastruktur und bewahrt ihn so vor dem Verfall.

▲ *Ländliches Idyll bei Ágios Nikólaos*　　▼ *Kritsá, schönes kretisches Bergdorf*

SPECIAL

Kretas berühmteste Kirche

Beliebtes Ausflugsgebiet von Mirambéllou-Bucht-Urlaubern ist das Hinterland von Ágios Nikólaos. Erstes Ziel ist die Kirche Panagía Kerá. Die kleine Kreuzkuppelkirche aus dem 13. Jahrhundert gehört zu den eindrucksvollsten Sakralbauten Kretas. Nirgendwo sonst lässt sich, dank der hervorragend erhaltenen Fresken aus dem 13. und 14. Jahrhundert, die stilistische Entwicklung der byzantinischen Malerei auf Kreta derart anschaulich nachvollziehen. Ein Musterbeispiel kretischen Kunstschaffens sind die ›Apostel im Jüngsten Gericht‹ im Nordschiff der Kirche. Um wieviel mehr muss diese äußerlich unscheinbare Kirche erst gestrahlt haben, als die Malereien noch ihre volle Farbpracht besaßen!

Echt minoisch: Gourniá

▼ *Blick über das minoische Gourniá auf die Mirambéllou-Bucht*

━━ Weithin sichtbar über der Mirambéllou-Bucht leuchten die Reste der minoischen Stadt Gourniá im Sonnenlicht: eine erstaunlich gut erhaltene, fast komplett ausgegrabene Stadt aus minoischer Zeit und eines der frühesten Beispiele europäischen Städtebaus. Straßen, Gassen, Reste von Wohnhäusern und Werkstätten kann man ebenso erkennen wie den zentralen Marktplatz mit dem anschließenden ›Palast‹ und den Verwaltungsbauten. Da nur in geringem Umfang modern ergänzt wurde, gibt sie ein unverfälschtes Bild vom Aussehen einer minoischen Stadt.

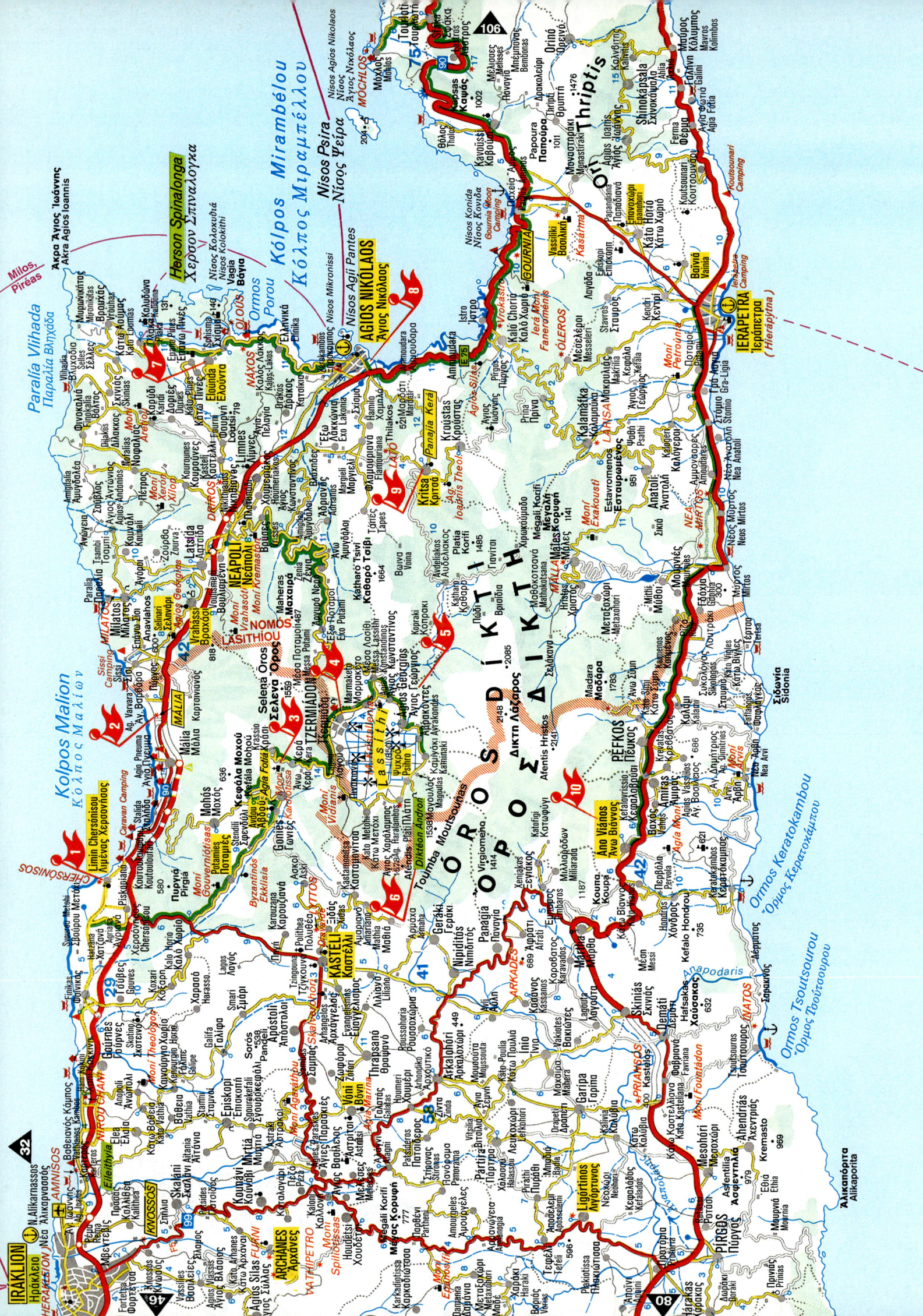

LIMÍN CHERSÓNISOU ①

Top-Urlaubsadresse, zusammengewachsen mit den östlichen Nachbarorten Stalída, Metamorfósi und Mália (in der Region über 30 000 Hotelbetten aller Kategorien), mit zahlreichen Tavernen, Geschäften und einer Hafenpromenade.

Sehenswert: Römischer Brunnen mit Mosaiken an der Hafenpromenade und die Agía-Paraskévi-Kapelle, eingebaut in das Felsmassiv von Kástri (dort Fundamente einer frühchristlichen Basilika).

Museum: Lychnostátis-Museum, ausgezeichnetes Volkskundemuseum (April bis Okt. Mo.–Fr., So. 9.00–14.00 Uhr, im Sommer verschiedenste Veranstaltungen; Infos Tel. 2897023660).

Aktivitäten: Viel ›jugendliches‹ Nachtleben; Bootsausflüge nach Sísi (18 km östl.) oder zur Insel Día (20 km nordwestl.); Aqua-Splash-Wasser-Vergnügungspark an der Straße nach Kastélli (Weg ist ausgeschildert, tgl. ab 10.00 Uhr).

Umgebung: Beispiele für ›sanften Tourismus‹ sind die nahen umliegenden Bergdörfer Koutouloufári u. Piskopianó mit dem Heimatmuseum Agrótiko Museío in einer alten Olivenölfabrik (Di.–So. 10.00–13.00 u.16.00 bis 20.00 Uhr).

ⓘ Touristinformation, im Rathaus, Odos Giamboudakis, GR-71306 Limín Chersónisou (Mo.–Fr. 8.00–14.30 Uhr).

MÁLIA ②

Hochburg des Pauschaltourismus, Infrastruktur vergleichbar mit Limín Chesónisou; am Strand und an der Straße dorthin viele Tavernen, Bars, Hotels, kleine Supermärkte, Souvenirläden, jenseits der Durchgangsstraße hübscher alter Dorfkern.

Sehenswert: Der Palast von Mália am Strand (ca. 3 km östl., ausgeschildert). Am Zugang informiert ein kleines Museum mit Plänen und Modellen anschaulich über den Komplex, ehe man über den Prozessionsweg den Westtrakt des Baus betritt. Hier liegen vor allem Magazine und Werkstätten. Im Zentrum ein großer Hof, östlich und nördlich davon die Repräsentations- und Wohnräume (tgl. 8.30–15.00 Uhr).

Aktivitäten: Legendäre ›heiße Nächte von Mália‹ in Open-Air-Bars entlang der Strandstraße. Mehrere große Strandhotels offerieren Wassersport (Kurse und Verleih), z.B. ›Grecotel Malia Park‹ (Tretboote, Kanus, Surfen), angeschlossen ist Hellas Bike Travel (Mountainbike-Verleih und -Touren).

ⓘ Reisebüro Selena Tours, Hauptstraße, GR-71307 Mália.

LASSÍTHI-HOCHEBENE ③ – ⑥

Die Ebene (bis 850 m), ein Agrarzentrum, gleicht einem Trichter inmitten des Díkti-Massivs mit Gipfeln über 2100 m.

Sehenswert: Kurz vor der Passhöhe von Ambelos (900 m) fährt man am **Kloster Kardiótissa** ③ oder Panagía Kerá (tgl. 8.00–13.00 u. 16.00–20.00 Uhr) vorbei. Hauptort der Ebene ist **Tzermiádon** ④ mit Tavernen und Läden.

In **Ágios Geórgios** ⑤ von Interesse sind das Volkskunde-Museum (Platía Eleftherías) und das Venizélos-Museum mit Infos über den kretischen Politiker (beide tgl. 10.00–16.00 Uhr). Eine Attraktion ist die Diktäische Grotte, **Diktéon Ándron** ⑥, die bis 60 m tiefe Tropfsteinhöhle, in der Göttervater Zeus geboren sein soll (tgl. 8.00–19.00 Uhr).

Einkaufen: Handarbeiten.

Rundweg: Ab Tzermiádon über die Ebene nach Psichró, zur Diktäischen Grotte und via Ágios Geórgios zurück (ca. 13 km).

Veranstaltung: Großes Marienfest (31. Aug.) in Psichró.

ELOUNDA ⑦

Das Fischerdorf wurde dank seiner traumhaften Lage zum Nobelurlaubsdomizil.

Sehenswert: Im Wasser Spuren des antiken Olous, Hafen der von den Griechen gegründeten Metropole Dréros im Hinterland (8. Jh. v. Chr.–Erdbeben im 2. Jh. n. Chr.). Basilika (5. Jh. n. Chr.) mit Mosaiken.

Aktivitäten: Großes Sportangebot der Strandhotels, z.B. ›Elounda Beach‹ oder ›Grecotel Elounda Village‹ (Diving Center Blue Dolphin, Mountainbike Center).

Umgebung: Zu der vorgelagerten Lepra-Insel Spinalónga mit einsamen Badebuchten fahren Boote vom Fischerdorf Pláka (5 km), Elounda und Ágios Nikólaos.

ÁGIOS NIKÓLAOS ⑧

Lebhafte Stadt mit Fähr- und Jachthafen.

Geschichte: Im 3. Jh. als Hafen der antiken Stadt Lató entstanden; auch in römischer u. frühbyzantinischer Zeit noch strategisch bedeutend. Aus venezianischer Zeit die Reste des Castello di Mirabéllo. Ab 1870 viel Zuwanderung aus Westkreta, vor allem von der Sfakiá, seit 1904 Hauptstadt des Verwaltungsbezirks Lassíthi.

Museen: Hauptattraktion ist das Archäologische Museum, Odos Konstantinou Paleologou (Di.–So. 8.30–15.00 Uhr). Kleines Volkskundemuseum im Bau der Touristinformation (Di.–So. 8.30–15.00 Uhr).

Restaurants, Cafés, Geschäfte: Cafés rund um Hafen oder See, urige Tavernen und hübsche Geschäfte mit Kunsthandwerk und Modeschmuck in den Stadtteilen Mylos und Kefáli (um Platia Venizélou). Straßenmarkt, Odos E. Antistaseos (Mi. nachmittags).

Busverkehr: Mehrmals tgl. vom Busbahnhof am Jachthafen, Odos S. Venizélou, nach Iráklion, Sitía, Ierápetra, Kritsá, Elounda, Lassíthi-Hochebene.

Aktivitäten: Ausflugsboote nach Elounda, Spinalónga sowie auf die vorgelagerte Ziegeninsel Agii Pandes. Bessere Strände im Umkreis, z.B. Ammoudara (3 km südl.).

Veranstaltung: Großes Fest zu Ehren des Schutzheiligen Nikólaos (6. Dez.).

Umgebung: In der Bucht von Kaló Chorió wird es ruhiger, Privatunterkünfte lösen große Hotelkomplexe ab; Orte wie Ístro (10 km südl.) oder Pírgos (12 km südwestl.) haben ihren urtümlich kretischen Charakter bewahrt. Die einzige vollständig freigelegte minoische Stadt auf Kreta ist Gourniá (20 km südöstl., Di.–So. 9.00–15.00 Uhr), 2 km westl. vom Badeort Pachiá Ámmos.

ⓘ Touristinfo, Marina, GR-72100 Ágios Nikólaos, Tel. 2841082384, Fax 2841082386 (tgl. 8.30–21.30 Uhr).

KRITSÁ ⑨

Vielbesuchtes kretisches Bilderbuch-Bergdorf mit engen Gassen, hübschen Ecken.

Sehenswert: Die vor dem Dorf gelegene Kirche **Panagía Kerá** (13. Jh.) mit bestens erhaltenen Fresken verschiedener Stile und Künstler (Di.–So. 8.30–15.00).

Einkaufen: Handarbeiten und lokale Spezialitäten wie Rakí, Honig, Olivenöl.

Umgebung: Die Reste der antiken Metropole *Lató* (4 km nördl., ausgeschildert) vermitteln ein anschauliches Bild einer frühgriechischen Stadt (Di.–So. 8.30–15.00 Uhr).

Aktivität: Wanderweg von Lató in die Kritsá-Schlucht (6 km, ca. 2,5 Std.).

ANO VIÁNOS ⑩

Typisch kretisches Bergdorf inmitten üppiger Vegetation am Südabhang des Díkti-Massivs. Tavernen und Läden erwarten vor allem Tagesbesucher.

Museum: Im Historischen Museum, am westl. Dorfrand, erfährt man neben Kunsthandwerk und Handwerkstechniken vieles über den Alltag der Bauern und Hirten in der Bergwelt (tgl. 9.30–13.30 Uhr).

Umgebung: Wo die Straße wieder aus der Bergwelt führt, liegt der beliebte, dennoch ruhige Badeort Mírtos (23 km südwestl.).

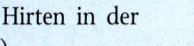

Eine Region für Entdecker

An manchem Ort im Osten der Insel, am Palmenstrand von Váï etwa oder an der Promenade von Ierápetra, glaubt man sich fast schon nicht mehr in Europa. Wie gerne legt man hier ein Päuschen in einem Café ein, herrschen doch beinahe afrikanische Temperaturen. Doch nicht nur die Städte, auch die an sich schroffe, karge Landschaft ist faszinierend: Die in vielfältigen Rot- und Brauntönen leuchtenden Gesteins- und Erdschichten gehen mit Sonnenlicht und den intensiven Farben von Meer und Himmel immer neue Wechselspiele ein.

Neu gestaltet und von den Einheimischen gern besucht: die Strandpromenande von Ierápetra.

▲ *Treffpunkt von Sitía ist der Hafen, ...* ▼ *... wo bis heute Fischer mit ihren Booten ein- und auslaufen*

▲ *Ordnung muss sein: Sitías Geschäftsstraße*

Der äußerste Osten Kretas hat schlechte Straßen und wenig Grün – er gleicht einer Mondlandschaft. Hier sind die Niederschläge am geringsten und die Region ist nur dünn besiedelt. Aber noch sind die Bewohner hier auf den Tourismus nicht unbedingt angewiesen. Denn trotz der Kargheit entstehen in dieser Gegend sowohl hervorragendes Olivenöl als auch bester Wein, gedeihen Obst und Gemüse.

Die ›weiße Stadt‹ am Meer

Auf der rund 75 Kilometer langen Fahrt von Ágios Nikólaos Richtung Sitía wird die Landschaft immer öder. Da ist Sitía eine Überraschung, eine grüne Oase, in der sich Olivenbaumhaine mit Rebgärten und Gewächshäusern abwechseln. Auf den ersten Blick scheint die Stadt wenig einladend, eine typisch griechische Kleinstadt. Doch hat man sich erst einmal durch enge Gassen und verkehrsreiche Straßen gequält, um an der Hafenpromenade zu stehen, versteht man, warum die Einheimischen ihre Heimat ›weiße Stadt‹ nennen.

Als hätte ein Maler eine Kulisse kreiert, klettern die weiß getünchten Häuser der Altstadt den Hang hinauf zum 1631 erbauten venezianischen Kastell ›Kazarma‹. Zu ihren Füßen breitet sich die Stadt um den Hafen herum aus wie die Zuschauerränge eines griechischen Theaters. Man könnte sich gut vorstellen, hier zu sitzen, um Vitzéntzos Kornáros, dem großen Sohn der Stadt, zuzuhören, wie er aus ›Erotókritos‹ zitiert, einem der berühmtesten Werke des 17. Jahrhunderts und bis heute ein Meisterwerk der kretisch-epischen Volksdichtung.

Die älteste Kulturpflanze

Einen besonderen Ruf genießt der Wein aus Sitía, vor allem der aus der lokalen Rebsorte ›Agrilos‹ gekelterte Rotwein. Beliebt ist ebenso das lokale Olivenöl. ›Ölbäume‹ (Olea europaea) gehören zu den ältesten Kulturpflanzen im Mittelmeerraum. ›Der Großvater pflanzt ihn, der Vater beschneidet ihn und der Sohn erntet die ersten Früchte‹, lautet ein altes Sprichwort. Frühestens nach sieben, manchmal erst nach 15 Jahren trägt ein Baum Früchte – und wird dies dann über 100 bis 150 Jahre

▲ *Sitía: Die malerischen Treppengassen und ...*   ▼ *... das Tavli-Spiel im Kafeníon am Hafen*

▲ *Die Straße von Sitía an die Südküste führt im Frühjahr durch eine blühende Bergwelt*

▼ *Nachgebaute Windmühle vor dem Vorplatz Kloster Toploú*

▲ *Typisch kretisch: Vegetation im Hinterland von Móchlos*

▼ *Palmenstrand von Váï*

lang alle zwei Jahre tun. Auch wenn es immer wieder Versuche gab und gibt, die Ernte der Oliven und die Ölherstellung durch Maschinen zu vereinfachen, ist sie auf Kreta doch weitgehend mühsame Handarbeit geblieben. Meist sind es Frauen, die die harte Arbeit des Pflückens und Aufsammelns der heruntergefallenen reifen Früchte übernehmen. Noch am gleichen Tag müssen die Oliven zum Pressen gebracht werden, meist in gemeinschaftlich genutzten kleinen Ölmühlen, die man meilenweit riecht. Kreta besitzt mehrere Genossenschaften, zu denen sich die Bauern zusammengeschlossen haben, um nach traditionellen Methoden zu arbeiten.

SPECIAL

Beten und kämpfen

Wie eine kleine Festung thront das Kloster Toploú über der kargen Landschaft. Weder die Türken noch die deutschen Besatzer im Zweiten Weltkrieg konnten den Widerstandswillen der Mönche brechen. Auch wenn der Bau, der wohl im 14. Jahrhundert seinen Ursprung hat, mehrmals von Türken erobert und zerstört wurde, kehrten Mönche und Freiheitskämpfer immer wieder hierher zurück. Lohn des Kampfes gegen die Besatzer waren Landschenkungen des kretischen Adels, sodass das Kloster bis heute große Ländereien besitzt und wirtschaftlich gut dasteht. Kloster und Wirtschaftsbauten sind gepflegt, und ein renoviertes beachtliches Museum gehört zum Komplex. Wie die kleine Kirche birgt dieses vor allem berühmte Ikonen aus der Zeit vom 15. bis zum 18. Jahrhundert.

Afrika lässt grüßen

Am Nordostzipfel Kretas bei Váï taucht plötzlich aus der eintönigen kargen Landschaft ein riesiger Palmenhain auf, der sich in einem Tal erstreckt, das an einem traumhaften Sandstrand endet. Um den Dattelpalmenstrand ranken sich viele Legenden: So sollen nach einer Version Sarazenen im 9. Jahrhundert für diesen ›Wald‹ verantwortlich gewesen sein; sie hätten Datteln mitgebracht und deren Kerne ausgerechnet hier ›entsorgt‹. Die Realität ist weniger fantasievoll, war doch die Palmenart

▲ *Kloster Toploú*   ▼ *Nachbildung einer Ikone aus dem Klostermuseum*

▲ Káto Zákros: Nach der Antike lockt der nahe Strand

▲ Tal der Toten heißt die beliebte Wanderschlucht bei Zákros   ▼ Olivenhain bei Zákros

▲ *Káto Zákros: Überreste eines minoischen Palastes*

▲ *Im Bergdorf Kalamafka gehört beim Feiern ...* ▼ *... Musik dazu*

›Phoenix theophrastii‹ – die ungenießbare Datteln hervorbringt – schon lange vor den Sarazenen auf Kreta heimisch. Da sie salzwasserhaltige Standorte liebt, entstand hier in Váï Europas größter Dattelpalmenhain.

Ruhmvolle Vergangenheit

▬ Durch Kretas äußersten Osten gibt es eine einzige ausgebaute Straße. Sie zweigt hinter Sitía nach Palékastro ab und führt von dort weiter durch eine wenig bewachsene Berglandschaft mit vielfarbigen Erdschichten nach Zákros. So einsam, wie sich der Landstrich heute darstellt, war die Region in der Antike nicht.

Damals war das karge Niemandsland, in das sich heute das Militär zurückgezogen hat, Schaltstelle des Handels. Das belegen die Ruinen gleich dreier bedeutender Städte an der Küste. Sie alle profitierten von ihrer Lage an einer wichtigen Seeroute von der Ägäis in den Orient. Nördlich von Váï finden sich bei Ítanos die Reste der großen griechisch-römischen Hafenstadt Erimoúpolis, deren Niedergang erst durch ein Erdbeben im 8. Jahrhundert eingeleitet wurde. Bei Palékastro liegt inmitten von Olivenbäumen das Ruinenfeld der bedeutenden minoischen Stadt Rousolákos, in der Antike Heleia genannt. Wer schließlich von Zákros hinunter zum Meer fährt – eindrucksvoller ist die Wanderung durch das Tal der Toten, benannt nach den minoischen Begräbnisstätten – steht bei Káto Zákros vor den beachtlichen Resten einer weiteren minoischen Stadt, von der außer dem ›Palast‹ noch große Teile der Wohnstadt existieren und zu bewundern sind. In der so genannten Schatzkammer wurden feinste Keramik- und Steingefäße sowie Einlegearbeiten aus kostbaren Materialien wie Elfenbein und Bergkristall gefunden (im Archäologischen Museum Iráklion).

Braut des Libyschen Meeres

▬ ›Gurkenstadt‹ nennen die Kreter Ierápetra etwas abschätzig. Besonders westlich der Stadt reiht sich tatsächlich zwischen Meer und Bergen ein Gewächshaus ans andere. Unter deren einfachen Plastikplanen wachsen Gurken, Tomaten und Paprika.

▲ An der Strandpromenade von Ierápetra: Unberührt vom Touristentrubel ...   ▲ ... gehen die Fischer ihrer Arbeit nach   ▼ Der alte Fischerhafen

▲ *Ierápetra: Brunnen der Moschee, ...*   ▼ *... Priester in der Markthalle*

Doch Ierápetras Bewohner nennen ihre Stadt auch voll Stolz ›Braut des Libyschen Meeres‹. Seit jeher nahm Ierápetra als südlichster Hafen Kretas eine wichtige Rolle im Handel mit Afrika und dem Nahen Osten ein. Bis heute geht es in den Gassen und Straßen der Stadt nicht nur lebhaft-griechisch zu, sondern auch ein wenig afrikanisch-orientalisch. Seitdem die Stadt und ihre östliche Küste wegen der vielen schönen Badebuchten, Wandermöglichkeiten und des beinahe ganzjährig idealen Klimas vom Fremdenverkehr entdeckt wurden, gebärdet sich Ierápetra noch geschäftiger. Das alte türkische Viertel, zwischen dem Markt in der turbulenten Neustadt und dem Fischerhafen gelegen, wirkt gepflegt, zwischen den beiden Stadtstränden entstand eine ganz ansehnliche Promenade, und selbst eine Fußgängerzone fehlt nicht.

Eine Liebeserklärung

━━ Wie würde Erhart Kästner, der Autor im Dienste Deutschlands, den Ort wohl heute beschreiben? Seine Erinnerungs- und Reisebücher sind voll mit Interessantem über Kultur, Landschaft, Bewohner. Kästners Band über Kreta erschien erstmals 1944 und wurde ein Jahr nach dem Zweiten Weltkrieg neu aufgelegt.

1904 in Augsburg geboren, gelang es dem Sekretär Gerhart Hauptmanns, sich 1941 in eine Dienststelle der Wehrmachtsbetreuung nach Athen versetzen zu lassen. Dort sollte er Erkundigungen über Land und Leute einholen. Kästner nutzte seine Sonderbefugnis zu ausgiebigen Wanderungen durch Griechenland und ab 1944 auch auf Kreta. Da er sich nicht als Soldat fühlte, geschweige denn so benahm, gelang es ihm, selbst zu den verschlossensten Kretern Zugang zu bekommen.

Ergebnis dieser Wanderungen war ein Buch von intensiver Sprache und tiefer Zuneigung zu der Insel und ihren Bewohnern. Wenn auch so manche der Bräuche, Traditionen und Landschaften nach über 50 Jahren den modernen Zeiten zum Opfer gefallen sind, bleibt seine kunstvolle Huldigung des urtümlichen Kretas Pflichtlektüre für jeden Besucher: Denn, so schrieb Kästner: ›Hier könnt' ich ein Leben verbringen‹.

MÓCHLOS ❶

Ruhiger, beschaulicher Ort an der Ostecke der Mirambéllon-Bucht, besonders beliebt bei Individualisten und Rucksackreisenden. Zahlreiche Apartments und Privatzimmer.

Sehenswert: Reste einer spätminoischen Nekropole auf der 150 m dem Ort vorgelagerten Insel Móchlos, die in der Antike noch mit der Küste verbunden war.

Aktivitäten: Badeausflüge zu der Insel Móchlos. Kleinerer Kies-Badestrand am Ort, größerer westlich.

SITÍA ❷

Die geschäftige Hafenstadt (ca. 8000 Einw.) ist zugleich Versorgungs- und Agrarzentrum für das ländliche Umland. Die Region ist berühmt für Wein (›Agrilos‹) und Olivenöl. Der Tourismus ist von untergeordneter Bedeutung; vor allem Privatunterkünfte, kleine Hotelkomplexe nur im Osten. Lebensader ist die Hafenpromenade mit Tavernen, Cafés, Kiosken und Hotels.

Geschichte: Mit über 3500 Jahren ist Sitía eine der ältesten kretischen Siedlungen und seit der Antike wichtige Hafenstadt. 1303 und 1508 durch Erdbeben, 1538 und 1651 durch die Türken zerstört. Ab 1870 von den Türken als Musterstadt neu geplant, nie vollendet.

Sehenswert: Alte venezianische Festung Kasarma (tgl. 9.00–15.00 Uhr) mit Turm und Resten römischer Fischbecken zu ihren Füßen am Meer knapp unter dem Wasserspiegel.

Museen: Bedeutend ist das Archäologische Museum, Odos El. Venizélou (Di.–Sa. 8.30–15.00 Uhr). Herausragendes Ausstellungsstück: eine minoische, außerordentlich fein gearbeitete Elfenbeinstatuette. Volkskundemuseum mit ostkretischer Handwerkskunst, Odos Kapitan Sifi (Mo.–Sa. 9.30–15.00 Uhr).

Einkaufen: Nette Geschäfte (Keramik, Souvenirs u. a.) in den Gassen, z. B. Odos V. Kornarou, oberhalb des Fischerhafens. Markt (Di.) in der Odos E. Foundalidou.

Veranstaltung: Großes Weinfest mit Musik und Tanz (Aug.).

Umgebung: Zahlreiche kleinere archäologische Fundstätten (mögliche Wanderziele) wie Petrás (1 km südl.), Agía Fotiá (4 km östl.) oder Achládia (8 km südwestl.).

ⓘ Municipality, Platía Iroon Politechniou, GR-72300 Sitía, Tel. 2843024955.

KLOSTER TOPLOU ❸

Festungsartiges, von den Türken mehrmals zerstörtes und wieder aufgebautes Kloster, im Zweiten Weltkrieg Zufluchtsort der Alliierten. Heute von wenigen Mönchen bewohnt (tgl. 9.00–18.00 Uhr). Angeschlossen sind ein großer Laden mit Ikonennachbildungen, lokalen Produkten und Reiseliteratur sowie ein kleines Kafeníon auf dem Vorplatz neben der Windmühle.

Tipp: Aufgrund des großen Zulaufs in der Saison entweder sehr früh oder erst am späten Nachmittag besuchen.

Kirche: In der Klosterkirche Panagía Akrotrianí Ikonen und Freskenreste (15. Jh.).

Museum: Im neuen Museum Ikonen, z.B. ›Megas i Kyrie‹ (1770) von Johannes Kornaros, Kupferstiche und Lithographien zur Kirchengeschichte, außerdem Waffen und andere Zeugnisse aus dem Zweiten Weltkrieg.

VÁÏ ❹

TOP ZIEL Am Strand von Váï steht Europas größter Dattelpalmenhain unter Naturschutz und ist nur zeitlich und zahlenmäßig eingeschränkt zu besuchen (tgl. 7.00–21.00 Uhr); kostenpflichtiger Parkplatz, WC, Kiosk, Taverne, Vermietung von Strandzubehör, keine Übernachtungen.

Aktivitäten: Surf-/Tauchschule; Bootsausflüge.

Umgebung: Der Weg nach Ítanos (ca. 3 km nördl.) führt vorbei an drei einladenden und bei Campern sehr beliebten Sandstränden, ehe er an einem militärischen Sperrgebiet endet.

PALÉKASTRO ❺

Das von Olivenhainen umgebene Bauerndorf hat sich zu einem Urlaubsort mit zurückhaltenden touristischen Einrichtungen gemausert.

Sehenswert: Ruinen einer minoischen Hafenstadt, von den Einheimischen wegen der roten Erde ›Roussólakos‹ genannt, inmitten von Olivenhainen nahe der Straße zum Strand (umzäuntes, zugängliches Gelände).

Aktivitäten: Schöne Sandbadestrände, z. B. in der Bucht von Chióna.

ⓘ Tourist-Info, Telefonamt, an der Durchgangsstraße, GR-72305 Palékastro, Tel. 2843061305 (Mo.–Sa. 9.00–22.00, So. 9.00–12.00, 18.30–21.30 Uhr).

ÁNO ZÁKROS ❻

Áno Zákros, kurz ›Zákros‹ genannt, an einer der ergiebigsten Quellen Kretas, ist eine grüne Oase in einsamer Berglandschaft. Zu dem Dorf im Landesinneren gehört am Strand Káto Zákros.

Sehenswert: Das antike Zákros war einer der bedeutendsten Flottenstützpunkte und Handelshäfen der Minoer. Wertvolle Funde, wie der ›Schatz von Zákros‹ im Archäologischen Museum Iráklion, belegen die Bedeutung dieses um 1450 v. Chr. zerstörten Orts, ebenso die Reste des um einen Zentralhof angelegten Palastes und der Wohnstadt (Di.–So. 8.30–14.00 Uhr).

Aktivitäten: Lohnenswert der Wanderpfad (ausgeschildert, 13 km hin u. zurück) durch die Tal der Toten (antike Begräbnisstätte) genannte Schlucht.

MAKRIGIALÓS ❼

Kleines, touristisch erschlossenes Küstendorf mit langem Sandstrand. Die meisten Sonnenscheinstunden auf der Insel, malerische Badebuchten sowie die gute Verkehrsanbindung lassen in der an sich reizvollen, aber durch Gewächshäuser verschandelten Landschaft östlich von Ierápetra umfangreiche Hotelkomplexe entstehen.

Aktivitäten: Spaziergang zu der oberhalb des Orts gelegenen Ruine einer minoischen Villa (guter Ausblick!). Bootsausflüge zur Insel Koufonísi (ca. 25 km südwestl.).

Umgebung: Im Hinterland befinden sich die Hochebene von Chandrás (ca. 15 km nordöstl. an der Straße nach Sitía) mit gleichnamigem Hauptort und kleine Bergdörfer wie Sklavi und Kalamafka. Kloster Kapsá (ca. 8 km östl., tgl. 8.00–12.30 u. 15.30 bis 19.00 Uhr) lohnt wegen seiner Lage über einer Schlucht.

IERÁPETRA ❽

Kretas viertgrößte Stadt (ca. 9000 Einw.) ist die einzige (Hafen-)Stadt an der Südküste und Agarzentrum. Zentraler Platz ist die Platia Eleuthériou Venizélou. Die Hafenpromenade führt zur Festung nahe dem Fischerhafen.

Geschichte: Siedlungsspuren aus spätminoischer Zeit, Blüte in griechisch-römischer Zeit als Hafen- u. Handelsstadt Hierapytna. Überreste aus venezianischer u. türkischer Zeit; Zwischenstation Napoleons 1798.

Sehenswert: Ehem. Türkenviertel hinter der Hafenpromenade mit Napoleonhaus u. Tzami-Moschee. Mehrere Kirchen: Kirche am Hafen, Ágios Ioánnis, ehem. Moschee, Ágios Géorgios, die moderne Hauptkirche der Stadt. Venezianische Hafenfestung Kales aus dem 13. Jh. (Di.–So. 8.30–15.00 Uhr).

Museum: In einer alten Koranschule kleines Archäologisches Museum, Odos K. Adrianou (Di.–So. 8.30–15.00 Uhr).

Aktivitäten: Ausflüge (Boote mehrmals tgl.) zur Badeinsel Chrisí (30 km südl.).

Einkaufen: Lokale Produkte in der neuen Markthalle zwischen Odos Stilianou Chouta und K. Adrianou; lohnende Geschäfte in der Fußgängerzone Odos K. Lasthenous.

Maßstab 1:250.000

12,5km
10
7,5
5
2,5
0

106
107

ANREISE

Flugzeug: Flughäfen in Iráklion und ein kleinerer auf der Halbinsel Akrotíri, nahe Chaniá. Ende März–Ende Okt./Anf. Nov. Charterflüge, im Winter nur Linienflüge.

Auto/Fähren: Wichtigste Autofähre von Ancona/Italien nach Patras/Griechenland. Buchung in jedem Reisebüro. Preiswert ist die Schifffahrt (12 Std.) von Athen/Piräus nach Kreta: Anek-Lines und Minoan Lines verkehren nach Iráklion, Chaniá und Réthimnon.

AUSKUNFT

Deutschland: Griechische Zentrale für Fremdenverkehr E.O.T. – Ellenikós Organismós Tourísmou: Wittenbergplatz 3a, 10789 Berlin, Tel. 030/21762/3, Fax 2177965; Neue Mainzer Str. 22, 60311 Frankfurt/M.,Tel. 069/23656162–63, Fax 236576; Abteistr. 33, 20149 Hamburg, Tel. 040/454498, Fax 454400; Pacellistr. 5, 80333 München, Tel. 089/ 222035–36, Fax 297058.

Österreich: Opernring 8, A-1010 Wien, Tel. 01/5125317–0, Fax 5139189.

Schweiz: Löwenstr. 25, CH-8001 Zürich, Tel. 01/2210105, Fax 2120516.

Internet: www.culture.gr; www.gogreece. com; www.griechenland.net; www.gzf-eot.de; www.interkriti.org; www.kreta.de.

AUTOFAHREN

Autofahren auf Kreta kann Nerven kosten, vor allem die Gebirgsstrecken mit Haarnadelkurven, schlechten Straßenbelägen, Schlaglöchern und Rissen. Es ist üblich, vor unübersichtlichen Kurven und beim Überholen als Warnung kurz zu hupen. Das Straßennetz an der Nordküste ist gut ausgebaut. Die New Road (Höchstgeschwindigkeit 90 km/h, sonst 80 km/h) zieht sich als Schnellstraße mit meist vier nicht abgeteilten Spuren von Kastélli Kíssamos über Chaniá, Réthimnon und Iráklion nach Ágios Nikólaos. Parallel zu ihr verläuft zwischen Chaniá, Réthimnon und Iráklion die Old Road, landschaftlich reizvoller, aber nicht ausgebaut. Abzweiger von dieser Old Road führen ins bergige Landesinnere und zur Südküste, an der es keine durchgehende Route gibt (gutes Kartenmaterial wird empfohlen).

BEHINDERTENHILFE

Bundesarbeitsgemeinschaft der Clubs Behinderter und ihrer Freunde e.V. Eupener Str. 5, 55131 Mainz, Tel. 06131/225514, Fax 238834, www.bagchf.de
Verband aller Körperbehinderten, Lützowgasse 24.28, 1014 Wien, Tel. 01/91113255 und 9145526, Fax 9113225
Mobility International Schweiz, Froburgstr. 4, 4600 Olten, Tel. 062/2068835, Fax 2068839, www.mis-infothek.ch

ESSEN UND TRINKEN

Kretas Küche gilt als ausgesprochen gesund. Olivenöl, Kräuter und Knoblauch gehören zu den Standardzutaten. Fleisch steht selten auf dem Tisch, wenn, dann Huhn, Lamm, Ziege oder Hammel. Beliebt sind Gemüse- und Eintopfgerichte, die lange schmoren und niemals kochend heiß verzehrt werden.

Schon auf den Märkten wird der Mund wässerig

Als Vorspeisen gibt es außer dem Choriátiki, Bauernsalat mit Oliven und Schafskäse, den Dolmádes, Weinblättern, und dem Tsatsíki, Gurkensalat mit Joghurt und Knoblauch, auch Skordaliá, Knoblauchpüree, und vor allem gebratene Gemüse, wie Zucchini- oder Auberginenschei-

Die Farbenpracht des Oleanders ist umwerfend

ben. Gíros und Souvláki kennt jeder, eher typisch sind Arnáki, gegrilltes Lammfleisch am Spieß oder geschmort mit Gemüsen, Giuvétsi, Lammfleischwürfel mit Tomaten und Reisnudeln im Tontopf überbacken, oder Kléftiko, Eintopf mit Rind- oder Hammelfleisch, Kartoffeln, Tomaten und Käsekruste. Stifádo, ein Rindergulasch mit viel Schalotten, schmeckt ebenso lecker wie das allgegenwärtige Kotópoulo, Huhn, z.B. mit Okra. Typisch kretische Gerichte sind selten zu haben. Kokorétsi, Lamminnereien auf dem Spieß, Omathíes, Wurstmasse aus Schweineleber, Reis, Rosinen, Nüssen in Darm gekocht, oder Chochlí, Landschnecken, eine Delikatesse auf Kreta, sind eben nicht jedermanns Sache. Fisch ist teuer und am ehesten wird man auf Speisekarten Chtapódi, Oktopus, Kalamarákia, Tintenfisch, in Ringen gebraten oder geschmort, und vor allem Marídes, kleine in Mehl gewendete, in Öl ausgebackene Fischchen finden.
Als Gemüsegerichte empfehlen sich Gemistés, mit einer Reis-Kräuter-Zwiebelmischung gefülltes Gemüse, z.B. Paprika, Tomaten oder Zucchini. Angináres, Artischocken, stehen im Mai/Juni auf vielen Speisekarten. Dicke Bohnen oder Kichererbsen sind neben den Patates, Kartoffeln, eine beliebte Beilage. Moussaká, Auberginen-Hack-Kartoffelauflauf mit Bechamelsoße, und Pastítsio, Nudelauflauf, sind fast überall zu

REISEDATEN KRETA											
Flug von Deutschland	**Inlandsverkehr**	**Reisepapiere**	**Währung**	**Mietwagen**	**Benzin**	**Hotel**	**Ferienhaus**	**Menü**	**Einfaches Essen**	**Ortszeit**	
Frankfurt/M.– Iraklion ca. 230€	Busfahrt Iraklion–Agios Nikólaos ca. 5€	Personalausweis oder Reisepass	Euro	ab 25€ pro Tag (ohne Versicherung)	1 Liter ca. 0.90€ (Super)	s.S. 111	ab 40€ pro Tag	ab 8€ (Touristenmenü)	ab 7€	OEZ (MEZ + 1 Std.)	

DATEN UND FAKTEN

- **Staat** Griechenland hat eine Fläche von 131900 km², davon Kreta 8261 km² (Breite 12–60 km, Länge 260 km), und rund 10 Mio. Einwohner. Hauptstadt ist Athen (griech. Athina). Amtssprache ist Griechisch.

- **Landesnatur** Drei hohe Gebirgsmassive bilden das Rückgrat Kretas, das höchste ist der Psilorítis mit 2456 Metern. Zwischen den Gebirgsmassiven dehnen sich fruchtbare Ebenen aus, in denen lukrativer Obst- und Gemüsebau betrieben wird. Während die buchtenarme Südküste über weite Strecken schroff und steil ins Meer abfällt, ist die Nordküste flacher. Der Hauptfremdenverkehr spielt sich an den geschützteren Stränden der Nordküste ab.

- **Bevölkerung** Die meisten Bewohner Kreta leben an der Nordküste, vor allem in der Hauptstadt Iráklion sowie in Chaniá und Réthimnon. Nur ein Viertel der Kreter ist im Süden der Insel zu finden, der größte Ort hier ist Ierápetra. Die restliche Südküste und die Gebirge sind dünn oder gar nicht besiedelt. Fast die ganze Bevölkerung gehört der griechisch-orthodoxen Kirche an.

- **Politik und Gesellschaft** Griechenland ist eine parlamentarisch-demokratische Republik (Hellenische Republik). An der Spitze des Staates steht ein für fünf Jahre gewählter Staatspräsident. Das Parlament, das sich aus 300 Abgeordneten zusammensetzt, wird alle vier Jahre neu gewählt.

- **Wirtschaft** Kreta ist die wirtschaftlich dynamischste Region Griechenlands, und die Durchschnittseinkommen liegen über denen des restlichen Landes. Die wichtigsten Erwerbszweige der Inselbewohner sind die Landwirtschaft und der Fremdenverkehr. An erster Stelle der Anbauprodukte stehen Oliven, gefolgt von Trauben und Gemüse.

- **Tourismus** Kreta weist den wachstumsstärksten Tourismus in Griechenland auf. Die Zahl der Besucher erreicht inzwischen drei Millionen jährlich. Die Hotelkapazitäten wurden enorm ausgeweitet. Vor allem die Küste zwischen Iráklion und der Bucht von Mália sowie Ágios Nikólaos erschloss man für den Fremdenverkehr.

---

bekommen. Brot, psomí, ist immer dabei, meist Weißbrot. Kouloúri sind die an jedem Stand erhältlichen Brotteigkringel mit Sesam.

Käse (Tirí): Außer dem bekannten Féta gibt es vor allem Graviéra, einen harten würzigen Schafskäse, oder Anthótiro, kleine Laibe Hartkäse, die gerne in Honig getaucht mit Weißbrot zum Frühstück gegessen werden. Mizíthra ist ein quarkähnliches krümeliges Milchprodukt.

Als Nachtisch (Gliká) gibt es Yaoúrti, Joghurt, mit Honig (Méli), Obst oder Obstsalat. In der Konditorei zu kaufen ist Chalvás, ein süßer Grießkuchen, Baklavá, Blätterteig mit Nüssen und Sirup oder Honig, ähnlich Kataífi. Auch an Ständen zu haben ist Bouréki, Teigblätter gefüllt mit Misíthra/Quark, Zucker, Zimt, Eiern, Sirup, oder Bougátsa, Blätterteig mit süßem Quark oder pikanter Käsefüllung, auch Tirópita genannt.

Kafé Ellinikó ist neben Wasser (Neró) Nationalgetränk. Das feine Kaffeepulver wird mit Wasser und Zucker in einem Stieltöpfchen mehrmals aufgekocht und in Minitassen serviert: métrio (mittelsüß), glikó, varí glikó (süß bzw. sehr süß) oder skéto (ohne Zucker). Der inseltypische Tresterschnaps heißt Tsikoudiá (bis 40 % Alkohol), auch Rakí genannt, und Wein gibt es auch vom Fass (krassí chíma), rot (kókino) oder weiß (áspro). Der geharzte Retsina ist nicht typisch für Kreta, wird aber in letzter Zeit ebenfalls produziert.

Kretas Musiker sind zu ihren Wurzeln zurückgekehrt. Tradition und Moderne begeistern Jung und Alt

FEIERTAGE UND FESTE

Jan.: Verehrung des Ágios Vasilios, der dem Nikolaus gleich Kindern Geschenke bringt (Neujahr); Hll. Drei Könige/Theophania (6.), Erinnerung an die Taufe Christi mit Wassersegnung und Strandmessen.

März: Nationalfeiertag (25.) zum Gedenken an den Befreiungskrieg 1821 gegen die Türken.

April: Ostern/Páscha variiert terminlich und fällt, wie das orthodoxe Pfingstfest (40 Tage nach Ostern), nicht mit den Terminen der katholischen und evangelischen Kirchen zusammen. Wichtigstes kirchliches Fest, zugleich großes Familienfest.

Mai: Christi Himmelfahrt, Gottesdienste, Feuerwerk; es wird viel getanzt. Tag der Arbeit/Protomaiiá (1.); Fest zu Ehren Johannes des Ev. (8.), u. a. im Kloster Préveli; Nationalfeiertag (21.) zur Befreiung von den Deutschen im Zweiten Weltkrieg.

Aug.: Mariä Himmelfahrt (15.), wichtigstes kirchliches Fest nach Ostern, besonders in Klöstern, speziell in Chrissoskalítissa, Mo-

chós, Ágios Nikólaos (mit Sport-Wettkämpfen); Fest zu Ehren Johannes des Täufers und Beginn der Traubenlese, daher gleichzeitig Weinfeste (29./30.).

Sept.: Tag der Kreuzeserhöhung (14.) in verschiedenen Orten im Ída-Gebirge; Besteigung des Psilorítis (Gipfelkapelle).

Okt.: ›Ochi‹-Tag (28.), Nationalfeiertag zum Gedenken an Regierungschef Metaxas Nein zu Mussolinis Kapitulations-Aufforderung 1940.

Nov.: Gedenktag an den Widerstand gegen die Türken in Kloster Arkádi (8.), Feiertag und Festivitäten in Réthimnon, mit Halbmarathon vom Kloster in die Stadt.

Dez.: Christbäume u.ä. Rituale haben sich eingebürgert (Weihnachten).

Die Kreter verehren ihre Geistlichkeit

ÖFFNUNGSZEITEN

Wie im mediterranen Süden üblich, gibt es lange Mittagspausen. Läden: meist 8.00–14.00 u. 17.00–20.00 Uhr, So. geschl. Souvenirshops und Kioske (Perípteroi): tgl. ca. 8.00–21.00 Uhr. Post- und Telefonämter (O.T.E.) in größeren Orten: tgl. 8.00–20.00 Uhr. Post: meist Mo.–Sa. 8.00–15.00 Uhr. Klöster und Kirchen: morgens bis abends, unterbrochen von einer längeren Mittagspause. Museen: Sommer meist 10.00 bis 18.00 Uhr, sonst nur bis Nachmittag (ca. 15.00 Uhr), in kleineren Orten und außerhalb der Saison kann montags Ruhetag sein.

RESTAURANTS

Auf Kreta lassen sich die Restaurants nur eingeschränkt kategorisieren, das Angebot unterscheidet sich nicht wesentlich; ausländische und Luxus-Lokale sind selten. Leider verkommt gerade in den Touristenhochburgen die kretische Küche immer mehr zu einer internationalisierten griechischen Einheitsküche mit den allgemein bekannten Standardgerichten Souvláki, Choriátiki, oft als „greek salad" angepriesen, Gíros oder Moussaká. Deren Qualität ist weitgehend gleichförmig, allerdings meist in Ordnung und das Preis-Leistungsverhältnis stimmt. Lokale, die authentisch kretische oder zumindest typisch kretische Gerichte servieren, findet man am ehesten noch im Hinterland und auf oder im Umkreis der Märkte von Chaniá und Iráklion. Formal gibt es die ›Taverne‹ (Wirtschaft) und das ›Estiatório‹ (Restaurant), doch die Übergänge sind fließend. Die Preise in Restaurants sind durch staatliche Vorschriften weitgehend einheitlich. Hier eine Auswahl:

Ágios Nikólaos: ›Einheimische‹ Taverne **Estiatorion Itanos**, Ecke Platia Venizelou/ Odos Kyrou, mit einfachen, aber leckeren Gerichten und kretischen Spezialitäten.

Ano Zarós: Taverne **Aquarium**, neben Idi-Hotel; Taverne **Votomos**, oberhalb Richtung See, mit vorzüglichen Forellen-Gerichten.

Chaniá: Typisch griechisch-kretisch, mit Schautheke oder Möglichkeit zum Topfgucken sind die Kneipen in der Markthalle (geöffnet bis früher Nachmittag). Fischlokale **Matios**, **Dinos** und **Cafe-Ouzeri Vasiliko**, im hinteren Hafenteil bei den Fischerbooten. Hier kehren auch Einheimische ein zu Eintöpfen und ›Standardgerichten‹, außerdem Wein vom Fass. **To Chani**, Odos Kondilaki 24, bekannt für kretische Spezialitäten. **Konaki**, Odos Kondilaki 40, mit bestechend guter Weinkarte, aber auch kretischen Spezialitäten wie Sfakiano (gehobene Preiskategorie).

Ierápetra: **Anna Bei**, Odos Niko Foniadaki, in einem renovierten, ehemals verfallenen Haus gilt dank seiner edlen Ausstattung und vorzüglichen Küche überregional als ›Gourmettempel‹.

Iráklion: In einer Seitengasse der Marktstraße Odos 1866 gibt es eine ›Fressgasse‹ mit einfachen, typisch griechischen Tavernen, auch kretische Spezialitäten (geöffnet tgl. bis 14.30 Uhr). **Mezedopokio Scholarcheio**, Odos Titou, hübscher Treff hinter der Kathedrale, bekannt für Imbiss und Drinks. **Tsikoudádiko**, Odos Idomenos, unprätentiös, am Abend Livemusik. Lohnend ist auch **Pagopolion**, Odos 25. Avgoustou, neben der Kirche Ágios Markos.

Réthimnon: Taverne **To Kafeneio**, Odos Theod. Arambatzoglou 19, griechisch-kreative Küche. Taverne **Obelistirio Stavros**, Theod. Arambatzoglou 33, Imbiss und Lokal. Taverne **O Psaras**, am Kirchplatz, Familienlokal; **O Gounas**, Odos Koroneo, mit kretischer Livemusik in urtümlich kretischer Atmosphäre; **Sokaki**, Ecke O.F. Portou, internationale und griechische Küche (gehobene Preiskategorie); **Veneto**, Odos Epimenidou 4, ›Cretan & Mediterranean Cuisine‹ in 700 Jahre altem Gemäuer.

SOUVENIRS

Besonders beliebte Mitbringsel aus Kreta sind Handarbeiten, wie Webwaren (Wandbehänge, Teppiche etc.), Stickereien, Häkelarbeiten, Schafwollpullover. Gute Ware kann man mit etwas Übung rasch von den billigen Massen-Import-produkten ›made in Taiwan‹ unterscheiden, sie haben aber ihren Preis. Lederwaren sind vor allem in Westkreta, speziell in Chaniá (Ledergasse) zu finden, authentische kretische Keramik in Töpferdörfern wie Margarítes oder Thrapsanó. Ikonen kauft man am besten in Ikonenwerkstätten (z.B. Iráklion, Odos Idomeneos 18) oder in Klöstern (z.B. Kloster Moní Goniás). Nach-

Webarbeiten sind beliebte Souvenirs

bildungen von Antiken aus verschiedensten griechischen Museen hat der Museumsshop von Réthimnon. Hübsch und nicht teuer sind Olivenholzschnitzereien, wie Obstschalen, Salatbestecke oder Armreifen. Häufig zu finden sind lokaler Honig und Kräuter, kretischer Wein und der Trester-Schnaps Tsikoudiá. Olivenöl lohnt das Heimschleppen auf alle Fälle, es ist geschmacksintensiver und besser als das italienische, besonders zu empfehlen ist das vom Kloster Agía Triáda.

SPORT

Wer in den Ferien bestimmte Sportarten betreiben möchte, sollte sich bereits bei Reisebuchung gründlich informieren, welches Hotel was offeriert, denn das Angebot auf dem ›freien Markt‹ ist gering.

Baden/Sandstrände: Norden: westl. von Chaniá, östl. von Réthimnon; Nordwesten: Golf von Kíssamos; Westen: bei Falássarna u. Elafonísi; Osten: bei Palékastro, Káto Zákros, Váï; Süden: bei Sougia, Loutró, Frangokastéllo, Préveli oder um Mátala.

Tauchen: Beschränkt auf fest umrissene Zonen; Tauchschule/Diving Center: z.B. Grecotel Rethymna Beach, Club Marine Palace, Panormo, Grecotel Elounda Village.

Mountainbiken: Touren unterschiedlicher Länge und Schwierigkeit bieten verschiedene Veranstalter, meist mit Sitz in den großen Hotels, z.B. Hellas Bike Travel, Tours & Rental, Réthimnon, Tel. 28310553328, Fax 28310552691.

Wandern: Neben zahlreichen lokalen Veranstaltern bieten auch Hotels bzw. deutsche Reiseveranstalter Wanderreisen und -touren an.

Hauptrouten: Samariá-Schlucht (6–8 Std.), Ímbros-Schlucht (3 Std.).

Wassersport: Wasserski, Segeln, Windsurfen, Parasailing (Kurse und Geräteverleih) bieten verschiedene, meist den größeren Strandhotels angeschlossene Veranstalter, z.B. Wassersport Center H2O (El Greco Hotel, Réthimnon). Die Südküste, besonders die Bucht von Plakiás, ist beliebt bei geübten Surfern.

TELEFON

In größeren Orten kann man unkompliziert mit dem Ausland von O.T.E.-Zentralen telefonieren. Man zahlt nach dem Gespräch oder benutzt eine Telefonkarte, die auch in öffentlichen Telefonen oder an Kiosken zu verwenden ist. Mobiltelefone funktionieren meist problemlos, nachdem sich das Gerät ins griechische Netz eingewählt hat.

WETTERDATEN

Iráklion	Tages-temp.	Nacht-temp.	Wasser-temp.	Tage mit Nieder-schlag	Sonnen-stunden pro Tag
Januar	15°	9°	16°	10	4
Februar	16°	8°	15°	9	4
März	17°	9°	16°	7	6
April	20°	11°	16°	3	8
Mai	23°	14°	19°	2	10
Juni	27°	18°	22°	1	12
Juli	28°	21°	24°	<1	12
August	28°	21°	25°	0	11
September	26°	19°	24°	1	10
Oktober	23°	16°	23°	5	6
November	20°	13°	20°	7	5
Dezember	17°	11°	17°	9	4

Durchschnittswerte

UNTERKUNFT

Unterkunftskategorien:
DZ-Preise nach offizieller E.O.T.-Einteilung:

Preise:
🜚🜚🜚🜚🜚	Luxus: über 270 €
🜚🜚🜚🜚	Kat. A: 120–270 €
🜚🜚🜚	Kat. B: 100–150 €
🜚🜚	Kat. C: 50–130 €
🜚	Kat. D/E: 30–60 €

Ferienwohnungen, Apartments, Studios werden ebenfalls vom E.O.T. klassifiziert (A–D) und regelmäßig kontrolliert. 2-Zimmer-Apartment ab 200 € pro Woche.

Ausflugsboote ersetzen an der Südküste die oft nicht vorhandenen Straßenverbindungen

Kleine Auswahl verschiedener Kategorien:

Grecotels: 🜚🜚🜚🜚 **Agapi Beach**, Ammoudara (6 km westl. von Iráklion, nahe beim Flughafen), 71002 N. Stadion, Tel. 2810311084, Fax 2810258731.

🜚🜚🜚🜚 **Elounda Village**, Eloúnda (7 km nördl. von Ágios Nikólaos), Tel. 2841041802; wohl schönstes Grecotel, vor allem die Bungalows, Felsstrand, mehrere Pools.

🜚🜚🜚🜚 **Club Creta Sun**, Gouves (18 km östl. von Iráklion), Tel. 2897041103, Fax. 2897 041113; schöne Anlage mit hübschem ›kretischen Dorf‹, umfassendes Sport- und Unterhaltungsangebot, All-Inclusive mit hervorragenden Buffets.

🜚🜚🜚 **Mália Park**, Mália (19 km östl. von Iráklion), Tel. 2897031461, Fax. 2897031460; ruhiges, relativ kleines Hotel mit allen Annehmlichkeiten; spektakulärer ›Botanischer Garten‹.

🜚🜚🜚🜚 **Club Marine Palace**, Panormos (25 km östl. von Réthimnon), Tel. 2834-051610, Fax 2834051603; familienfreundliches All-Inclusive-Hotel mit Kinderclub und umfassendem Sportprogramm.

🜚🜚🜚🜚🜚 **Rithymna Beach**, Old Road, bei Réthimnon (6,5 km östl.), Tel. 2831071002, Fax 2831071668; kinder- und familienfreundliches Hotel mit großem Sportangebot, langer Sandstrand.

🜚🜚🜚🜚🜚 **Creta Palace**, bei Réthimnon (4 km östl.), Tel. 2831055181, Fax 2831054085; luxuriös, Fitnesszentrum, Hallenbad, Parkanlage und ›kretisches Dorf‹ mit Kapelle, Kafeníon, Läden.

🜚🜚🜚🜚 **El Greco**, bei Réthimnon (8,4 km östl.), Tel. 2831071102, Fax 2831071215;

Großzügige Anlage mit Haupthaus und terrassenförmig gebauten Bungalows, geschmackvolle Zimmer, mehrere Pools, kleiner Kiesstrand.

🜚🜚🜚🜚 **Porto Rethymno**, Odos Venizelou 52a, Tel. 2831050432, Fax 2831027825; mitten in Réthimnon, Hotelstrand und ›Einkaufspassage‹.

In venezianischen Stadtpalästen: 🜚🜚🜚🜚 **Hotel Amphora**, Odos Parodos Theotokopoulou 20, Chaniá, Tel. 220821073224, Fax 2821093226; komfortabel ausgestattetes und familiäres Hotel am venezianischen Hafen mit eigenem Restaurant.

🜚🜚🜚🜚 **Casa Delfino**, Odos Theophanous 15, Chaniá, Tel. 2821093098, Fax 2821096500; schönes Hotel mitten im Topanás-Altstadtviertel.

🜚🜚🜚🜚🜚 **Contessa**, Odos Theophanous (neben Casa Delfino), Chaniá, Tel. 28210 98565, stilvolles Ambiente, gut restauriert.

🜚🜚🜚🜚 **Mythos Suites**, Platia Karaoli Dimitriou, Réthimnon, Tel. 2831053917, Fax 283151036; beispielhaft restaurierter Palazzo.

🜚🜚🜚🜚🜚 **Palazzo Rimondi**, Odos Stef. Chanthoudou, Réthimnon, elegantes Ambiente; Tel. 2831051289, Fax 2831051013

Mittelklasse: 🜚🜚🜚 **Doma**, Odos Elefthériou Venizélou 124, Chaniá, Tel. 2821051772, Fax 2821041578; Hotel im einstigen englischen Vize-Konsulat aus den 1930er-Jahren im Diplomatenviertel; mit persönlichem Touch, Speisesaal im 3. Stock (auch Abendessen möglich).

🜚🜚🜚 **Nostos**, Odos Zambeliou 42–46, Chaniá, Tel. 2821094740, Fax 2821094740; beliebtes, etwas lautes Stadthotel, verschieden große und ausgestattete Zimmer, tw. Balkon und Dachterrasse, Café im Haus.

ⒺⒺⒺⒺ **Aphrodite**, Gouves, Tel. 28970 41102, Fax 2897041379; Pool, Schwimmhalle, umfangreiches Animations-, Sport- und Kinderangebot, 4 Tennisplätze.

ⒺⒺⒺⒺ **Club Aldiana**, nahe Mochlós (ausgeschildert), Tel. 2834094211, Fax 28430 94491; fast kleines griechisches Dorf in grüner Oase, zwei Badebuchten, Pool, Sportmöglichkeiten.

ⒺⒺⒺ **Vecchio**, Odos M. Daliani 4, Réthimnon, Tel. 2831054985, Fax 2831054986; schönes, kleines Haus mit Pool.

ⒺⒺⒺⒺ **Fortezza**, Odos Melissinou 16, Réthimnon, Tel. 2831023828, Fax 2831054073; erstklassiges Hotel mit modernen Zimmern und Pool rund um einen ruhigen hübschen Innenhof.

Absolute Spitzenklasse:

Langfristig im Voraus buchen: ⒺⒺⒺⒺⒺ **Elounda Beach**, Elounda (ausgeschildert), Tel. 2841041412, Fax 2841041373; eines der ›Leading Hotels of the World‹, eine Stadt für sich in traumhafter Lage mit allen Annehmlichkeiten u. großem Freizeitangebot.

ⒺⒺⒺⒺⒺ **Elounda Bay Palace**, Elounda (ausgeschildert), Tel. 2841041502, Fax 2841041783. Luxushotel an einer kleinen Bucht mit zwei Sandstränden und einer Gartenanlage.

ⒺⒺⒺⒺⒺ **Elounda Mare**, Elounda (ausgeschildert), Tel. 2841041102, Fax 2841041307; exklusives ›Relais & Châteaux‹-Hotel; terrassenartig angelegte Ferienanlage an einem kleinen Strand. Einrichtung in elegant-kretischen Stil. Bungalows mit Swimming-Pool, Wassersportmöglichkeiten.

ⒺⒺⒺⒺⒺ **Porto Elounda**, Elounda (ausgeschildert), Tel. 2841041903, Fax 2841041889.

Günstig: ⒺⒺⒺ **Idi**, Áno Zarós, Tel. 28940 31302; im Grünen, saubere Zimmer, aber etwas in die Jahre gekommen, beliebt bei Wanderern (Voranmeldung empfohlen).

Ⓔ **Kasteli**, Odos Kanevarou 39, Chaniá, Tel. 2821057057, Fax 2821045314; ein wirklicher Tipp: sauber, in einem ruhig gelegenen Viertel und preiswert (DZ ca. 25 €).

Ⓔ **Coral**, Odos Ioannidou 18, Ierápetra, 9 Zimmer mit Bad/WC, das ⒺⒺ **Hotel Ersi** zu Beginn der Fußgängerzone u. ein Apartmenthaus (B-Kat.) an der Strandstraße im östl. Stadtteil gehören dem ehem. Gastarbeiter Níkos Agianiotákis und seiner Frau, Tel. 2842022846, Fax 2842023029.

Ⓔ **Pension Vergina**, Odos Chortatson 32, Iráklion, Tel. 2810242739; spartanische Unterkunft in altem türkischen Haus mit schönem Garten.

ⒺⒺⒺ **Hotel Beach**, westl. Strandpromenade, Paleóchora, Tel 2823041512; modernes Hotel mit schönen Zimmern und Suiten.

Ausgrabungen des Palastes von Mália

GESCHICHTE

- **6000 – 3100 v. Chr.** Aus der Jungsteinzeit stammen die ersten Siedlungsspuren auf Kreta. Zu dieser Zeit bevölkern Jäger und Sammler die Insel.
- **2100 – 1700 v. Chr.** Um 2100 v. Chr., zu Beginn der Alten Palastzeit, festigt Kreta seine Vorherrschaft im Ägäischen Meer. In Knossós, Festós und Mália werden ausgedehnte Palastanlagen errichtet. Vermutlich beendet ein Erdbeben diese Kultur.
- **1700 – 1400 v. Chr.** Die Neue Palastzeit führt zur höchsten Entfaltung der minoischen Kultur. Der Handel weitet sich bis in den Vorderen Orient aus. Die Keramikherstellung floriert und bringt äußerst vielgestaltige Gefäßformen hervor.
- **1400 – 1200 v. Chr.** Die vom griechischen Festland vordringenden Mykener erobern Teile der Insel.
- **1000 – 700 v. Chr.** Dorer gelangen auf die Insel. Griechisch-kretische Mythen und Sagen entstehen um König Minos und das Zeuskind.

- **67 v. Chr. – 337 v. Chr.** Der Römer erobern von 69 bis 67 v. Chr. die Insel und gründen die neue Hauptstadt Górtys.
- **337 – 826/827** Mit der Teilung des Römischen Reiches 395 kommt Kreta unter die Oberhoheit des oströmisch-byzantinischen Reiches.
- **981 – 1204** Die arabische Herrschaft wird durch die Rückeroberung durch die Byzantiner beendet. Kreta erlebt eine wirtschaftliche Blütezeit.
- **1204 – 1669** Kreta wird an Venedig verkauft. Nach anfänglichen Aufständen entwickelt sich die venezianische Herrschaft gemäßigter, und die Kunst erlebt eine Blütezeit.
- **1669 – 1898** Gegen die türkische Herrschaft, die eine noch schlimmere Zeit der Unterdrückung für die Kreter ist, kommt es im 18. und vor allem im 19. Jh. immer wieder zu Aufständen.
- **1913** Schließlich erfolgt der Anschluss Kretas an Griechenland.
- **1914 – 1918** Im Ersten Weltkrieg kämpft Kreta gegen die Mittelmächte, zu denen die Türkei gehört.

- **1938** In Griechenland wird eine vom König gebilligte Diktatur errichtet.
- **1939 – 1945** Während des Zweiten Weltkrieges wird Kreta 1941 von deutschen und italienischen Truppen besetzt.
- **1945 – 1949** In Griechenland kommt es zu einem blutigem Bürgerkrieg zwischen der Regierung und linksgerichteten Gruppen.
- **1967 – 1974** Griechenland wird von einer Militärdiktatur beherrscht.
- **1975** Eine neue demokratische Verfassung, in der die Grundrechte verankert sind, tritt in Kraft.
- **1981/1985/1993** Aus den drei Parlamentswahlen geht die Panhellenische Sozialistische Bewegung (PASOK) unter der Führung von Andreas Papandreou als Siegerin hervor.
- **1996** Neuer Ministerpräsident wird Kostas Simitis.
- **2000** Bei der Parlamentswahl kann sich die PASOK nur knapp behaupten.
- **2002** Ab 1. Januar ist der Euro offizielles Zahlungsmittel.